光村の国語

広げる、まとめる、思考ツール 2

アイデア、考え、図で整理

5年

光村教育図書

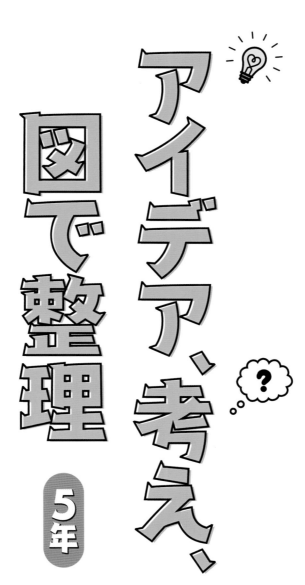

光村の国語

広げる、まとめる、思考ツール 2

アイデア、考え、図で整理

5年

目次《もくじ》

この本《ほん》の構成《こうせい》

●思考《しこう》ツールとは、アイデアや考《かんが》え、情報《じょうほう》などを目《め》に見《み》える形《かたち》で整理《せいり》し、まとめるための手段《しゅだん》です。この本《ほん》では、思考《しこう》ツールを、国語科《こくごか》などの学習《がくしゅう》の場面《ばめん》や日常生活《にちじょうせいかつ》の中《なか》で、実際《じっさい》に活用《かつよう》する例《れい》をしょうかいしています。

●本編《ほんぺん》は①、②、③の三《みっ》つで構成《こうせい》されています。それぞれのタイトルと見出《みだ》し（1、2、3……）は、光村《みつむら》図書《としょ》の国語《こくご》教科《きょうか》書《しょ》と対応《たいおう》しています。

●本編《ほんぺん》①、②、③について

①、②、③それぞれの言語活動《げんごかつどう》を実施《じっし》するうえで、思考《しこう》ツールを活用《かつよう》した実践例《じっせんれい》をしょうかいしています。

光村図書《みつむらとしょ》の国語教科書《こくごきょうかしょ》5年《ねん》の教材名《きょうざいめい》に対応《たいおう》しています。

ここで取《と》り上《あ》げる思考《しこう》ツールを示《しめ》しています。

活用《かつよう》する思考《しこう》ツールの名前《なまえ》を示《しめ》しています。

思考《しこう》ツールを活用《かつよう》する手順《てじゅん》を説明《せつめい》しています。

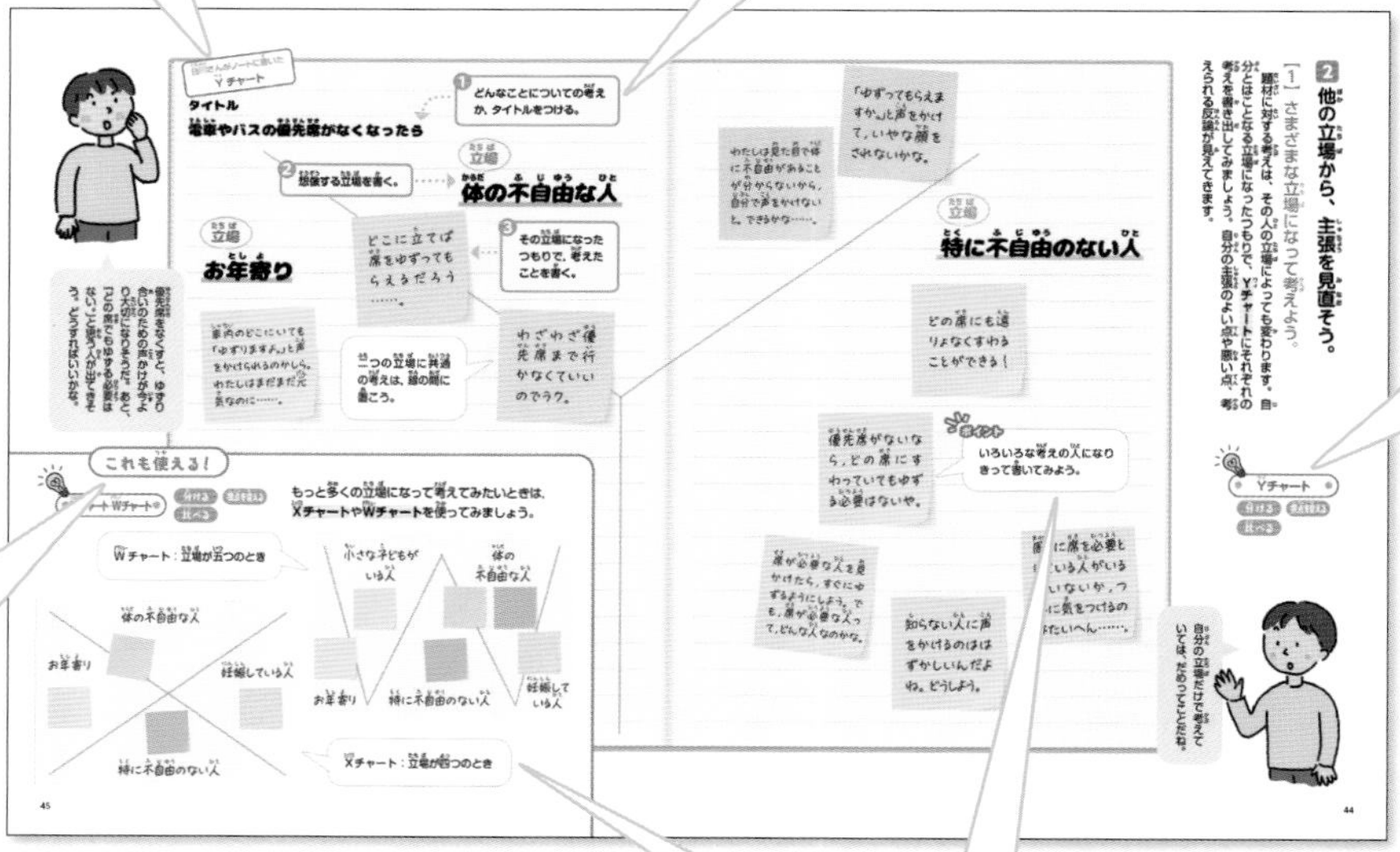

この言語活動《げんごかつどう》で活用《かつよう》する思考《しこう》ツールと，その目的《もくてき》を示《しめ》しています。

同《おな》じ言語活動《げんごかつどう》を，別《べつ》の思考《しこう》ツールで進《すす》める場合《ばあい》の例《れい》をしょうかいしています。

本文《ほんぶん》の中《なか》で（→○ページ）と示《しめ》してあるページは，内容《ないよう》についてよりくわしく説明《せつめい》しているページです。

思考《しこう》ツールを活用《かつよう》するときのポイントを示《しめ》しています。

●「ここでも使《つか》える！」について

本編《ほんぺん》①、②、③とはことなる言語《げんご》活動《かつどう》で、思考《しこう》ツールを使《つか》った例《れい》をしょうかいしています。

ここで活用《かつよう》する思考《しこう》ツールを示《しめ》しています。

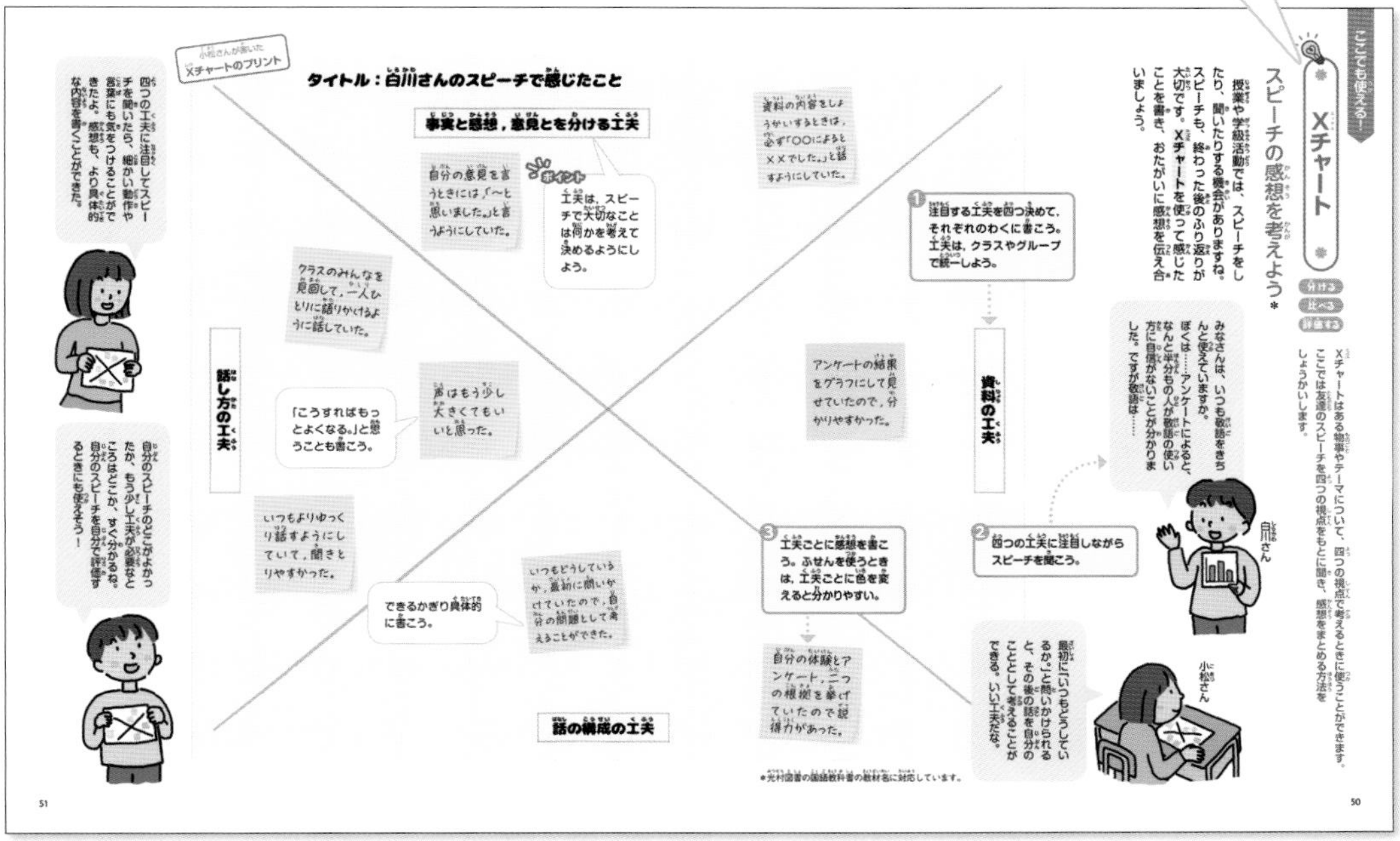

●「分《わ》かる！伝《つた》わる！コラム」について

①、②、③の最後《さいご》には、それぞれの本編《ほんぺん》の内容《ないよう》に関《かか》わるコラムを設《もう》けています。

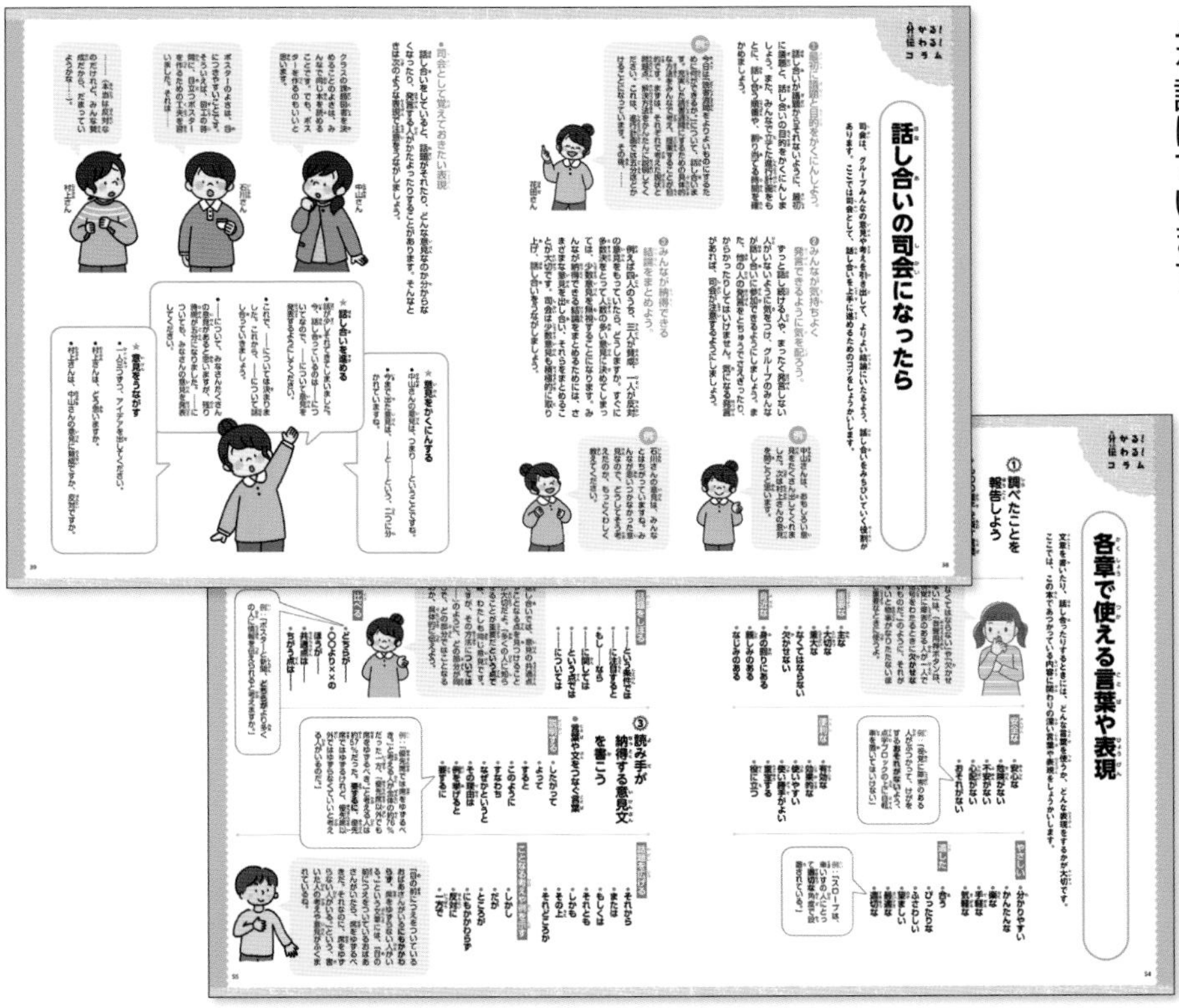

●「資料《しりょう》」について

図書館《としょかん》やインターネットの活用《かつよう》のしかたや、文章《ぶんしょう》の基本的《きほんてき》な書《か》き方《かた》などについての資料《しりょう》をのせています。

この本《ほん》であつかう思考《しこう》ツール

2巻《かん》では、12種類《しゅるい》の思考《しこう》ツールの使《つか》い方《かた》をしょうかいしています。それぞれの思考《しこう》ツールの基本的《きほんてき》な使《つか》い方《かた》と、どんな目的《もくてき》で使《つか》うと便利《べんり》かを表《ひょう》にしました。目的《もくてき》に合《あ》わせて、工夫《くふう》しながら使《つか》ってみましょう。

まとめる	分《わ》ける	比《くら》べる	つなげる	整理《せいり》する	見通《みとお》す	アイデア	評価《ひょうか》する	計画《けいかく》する	主張《しゅちょう》と理由《りゆう》	視点《してん》を変《か》える
						★				
	★	★		★		★				
★				★	★					
			★			★				
★						★				
	★				★	★				
		★					★			
				★	★			★		
★									★	
	★	★					★			★
	★	★					★			★
	★	★					★			★

思考《しこう》ツール			しょうかいページ	広《ひろ》げる
くま手《で》チャート	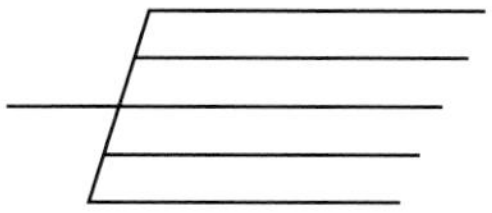	一《ひと》つの事柄《ことがら》について，あらかじめ視点《してん》を決《き》めて，関連《かんれん》することやアイデア，提案《ていあん》などを，くま手《で》の「歯《は》」の数《かず》だけ書《か》き出《だ》すときに使《つか》います。	8，9	★
マトリックス(表《ひょう》)	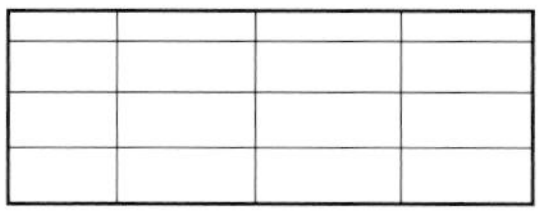	表《ひょう》のことです。たてとよこの見出《みだ》しに整理《せいり》する項目《こうもく》を，それぞれのわくに内容《ないよう》を書《か》き入《い》れて，くらべたり整理《せいり》したりするときに使《つか》います。	10，12，28	
枝《えだ》分《わ》かれ図《ず》	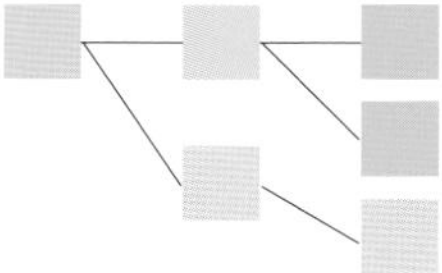	物事《ものごと》の順番《じゅんばん》や構成《こうせい》を考《かんが》えたり，整理《せいり》したりするときに使《つか》います。文章《ぶんしょう》の構成《こうせい》を考《かんが》えるときに便利《べんり》です。	15，43，46，47	
イメージマップ	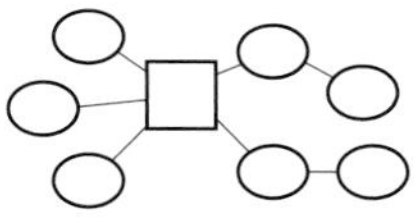	一《ひと》つの言葉《ことば》や物事《ものごと》，話題《わだい》から，アイデアを出《だ》したり，広《ひろ》げたりするときに使《つか》います。	18，20	★
ふせんと囲《かこ》み	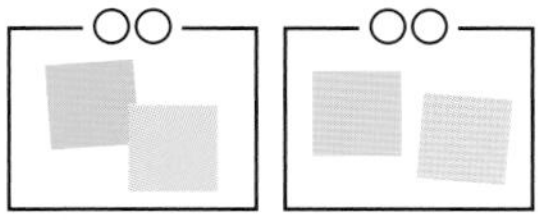	さまざまな意見《いけん》や情報《じょうほう》の共通点《きょうつうてん》を見《み》つけ，グループ分《わ》けするときに使《つか》います。	24	
フィッシュボーン	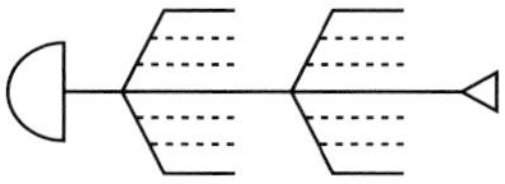	問題《もんだい》や課題《かだい》の原因《げんいん》を見《み》つけ，解決方法《かいけつほうほう》を考《かんが》えたり，主張《しゅちょう》の理由《りゆう》や根拠《こんきょ》を考《かんが》えたりするときに使《つか》います。	26，34	
座標軸《ざひょうじく》	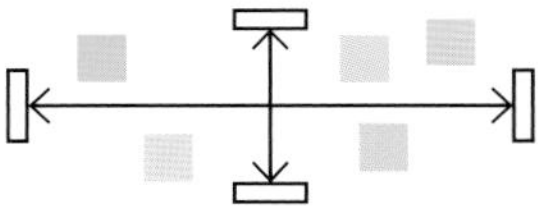	意見《いけん》をくらべたり，評価《ひょうか》したりするときや，二《ふた》つの立場《たちば》の意見《いけん》を整理《せいり》するときに使《つか》います。	30，33，36	
KWL《ケーダブリューエル》	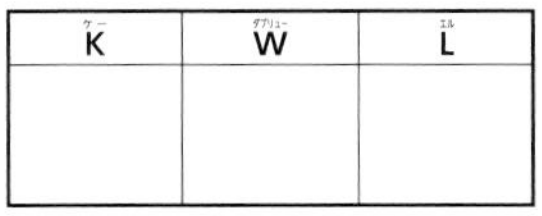	K《ケー》に知《し》っていること(What《ワット》 I《アイ》 know《ノウ》)，W《ダブリュー》に知《し》りたいこと(What《ワット》 I《アイ》 want《ウォント》 to《トゥー》 know《ノウ》)，L《エル》に学《まな》んだこと(What《ワット》 I《アイ》 learned《ラーンド》)を書《か》き，課題《かだい》をはっきりさせるときに使《つか》います。	41	
クラゲチャート	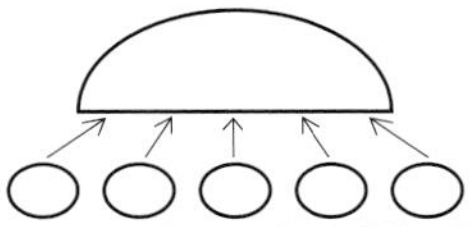	ある物事《ものごと》や事柄《ことがら》について，理由《りゆう》や根拠《こんきょ》をいくつか挙《あ》げるときに使《つか》います。	43	
Y《ワイ》チャート	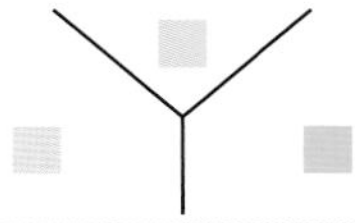	ある物事《ものごと》やテーマについて，三《みっ》つの視点《してん》で考《かんが》えるときに使《つか》います。	44，52	
X《エックス》チャート	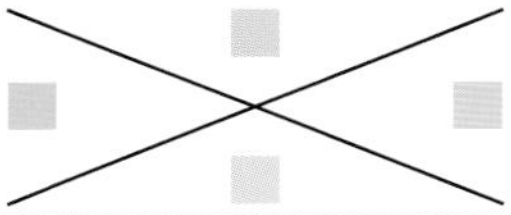	ある物事《ものごと》やテーマについて，四《よっ》つの視点《してん》で考《かんが》えるときに使《つか》います。	45，50	
W《ダブリュー》チャート	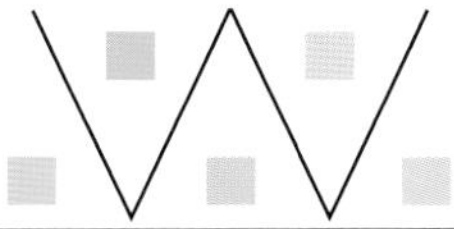	ある物事《ものごと》やテーマについて，五《いつ》つの視点《してん》で考《かんが》えるときに使《つか》います。	45	

1 調《しら》べたことを正確《せいかく》に報告《ほうこく》しよう

―みんなが過《す》ごしやすい町《まち》へ―

くま手《で》チャート
マトリックス
枝分《えだわ》かれ図《ず》

1 身《み》の回《まわ》りの工夫《くふう》を見《み》つけよう。

【1】工夫《くふう》を書《か》き出《だ》す。

ちいきや学校《がっこう》では、さまざまな人《ひと》が気持《きも》ちよく過《す》ごせるよう、多《おお》くの工夫《くふう》がされています。どのような工夫《くふう》があるか、思《おも》い出《だ》したり、実際《じっさい》に見《み》に行《い》ったりして、気《き》づいた工夫《くふう》を**くま手《で》チャート**に書《か》き出《だ》しましょう。書《か》き出《だ》したら、友達《ともだち》と話《はな》し合《あ》いましょう。

すみれ公園
Sumire Park
菫菜公园
제비꽃공원
先週《せんしゅう》、すみれ公園《こうえん》にサッカーの練習《れんしゅう》に行《い》くとちゅうで、外国語《がいこくご》が書《か》かれた看板《かんばん》を見《み》つけたんだ。なぜ、いろいろな言語《げんご》で書《か》かれているのかな。
清原《きよはら》さん

くま手《で》チャート
広《ひろ》げる　アイデア

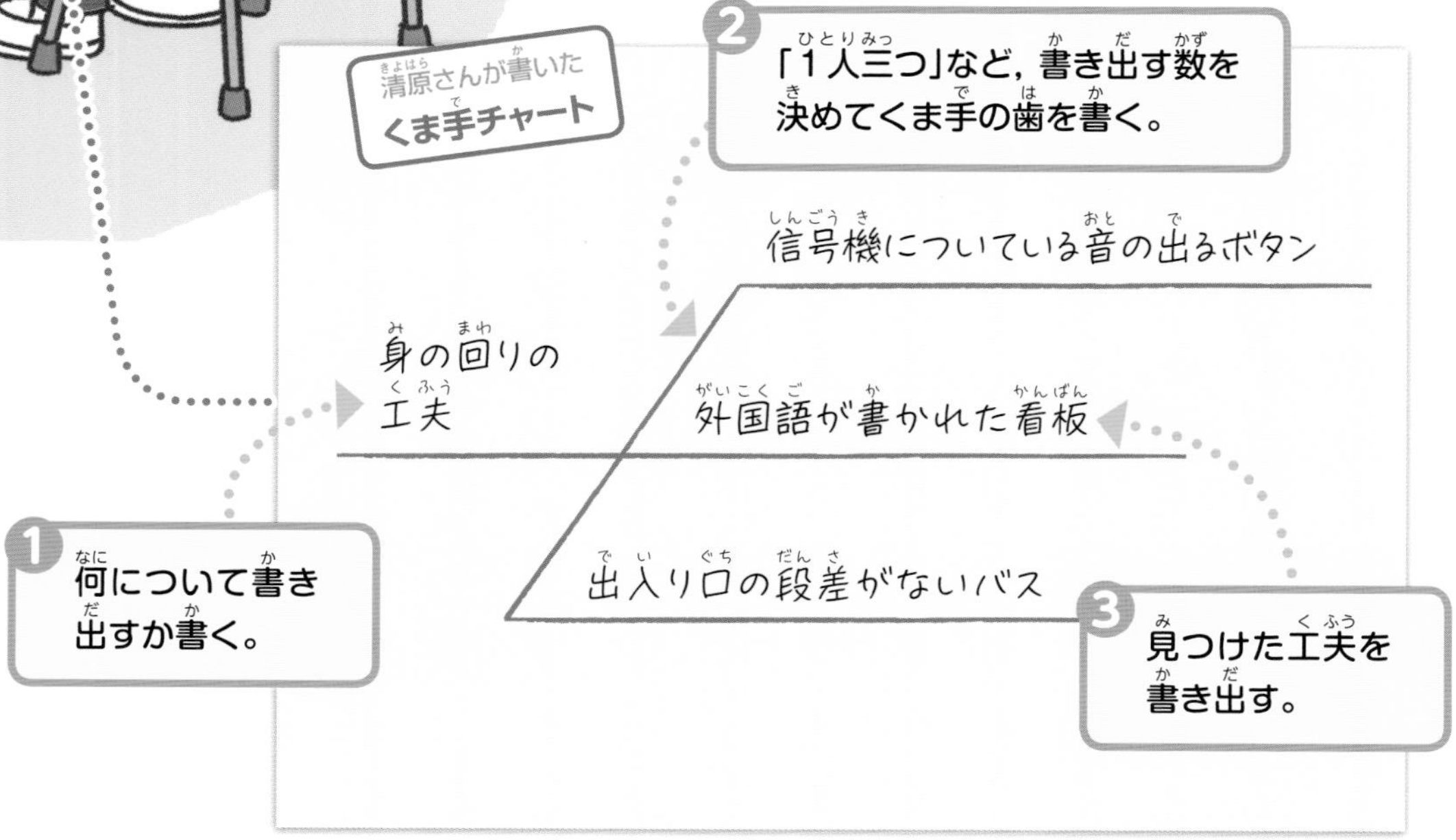
清原《きよはら》さんが書《か》いたくま手《で》チャート
① 何《なに》について書《か》き出《だ》すか書《か》く。
② 「1人《ひとり》三《みっ》つ」など，書《か》き出《だ》す数《かず》を決《き》めてくま手《で》の歯《は》を書《か》く。
③ 見《み》つけた工夫《くふう》を書《か》き出《だ》す。
身《み》の回《まわ》りの工夫《くふう》
信号機《しんごうき》についている音《おと》の出《で》るボタン
外国語《がいこくご》が書《か》かれた看板《かんばん》
出入《でい》り口《ぐち》の段差《だんさ》がないバス

わたしは駅《えき》のトイレの音声案内《おんせいあんない》が気《き》になっているよ。

大井《おおい》さん
小野《おの》さん
森山《もりやま》さん

ぼくはこの前《まえ》、駅《えき》で車《くるま》いすの人《ひと》がスロープを使《つか》っているところを初《はじ》めて見《み》て、便利《べんり》だなと思《おも》った。スロープっていつからあるんだろう。

【2】調《しら》べる工夫《くふう》を決《き》める。

どの工夫《くふう》について調《しら》べるか決《き》めましょう。自分《じぶん》がくま手《で》チャートに書《か》き出《だ》したものや、他《ほか》の人《ひと》が発表《はっぴょう》したものの中《なか》から、とくに興味《きょうみ》がある工夫《くふう》、もっと知《し》りたいと思《おも》う工夫《くふう》を選《えら》びます。

わたしは英語《えいご》が好《す》きだから、外国語《がいこくご》で書《か》かれた看板《かんばん》に興味《きょうみ》がある。なぜいろいろな言語《げんご》で書《か》かれているのか調《しら》べて、クラスのみんなに教《おし》えてあげよう！

たしかに、外国語《がいこくご》が書《か》いてある看板《かんばん》、気《き》になるね。ぼくは点字《てんじ》ブロックに興味《きょうみ》がある。いろいろな場所《ばしょ》で見《み》かけるけど、どんなふうに役《やく》に立《た》っているのかなあ。

ポイント

思《おも》い出《だ》したことや疑問点《ぎもんてん》などを書《か》いておこう。

小野《おの》さんが書《か》いた
くま手《て》チャート

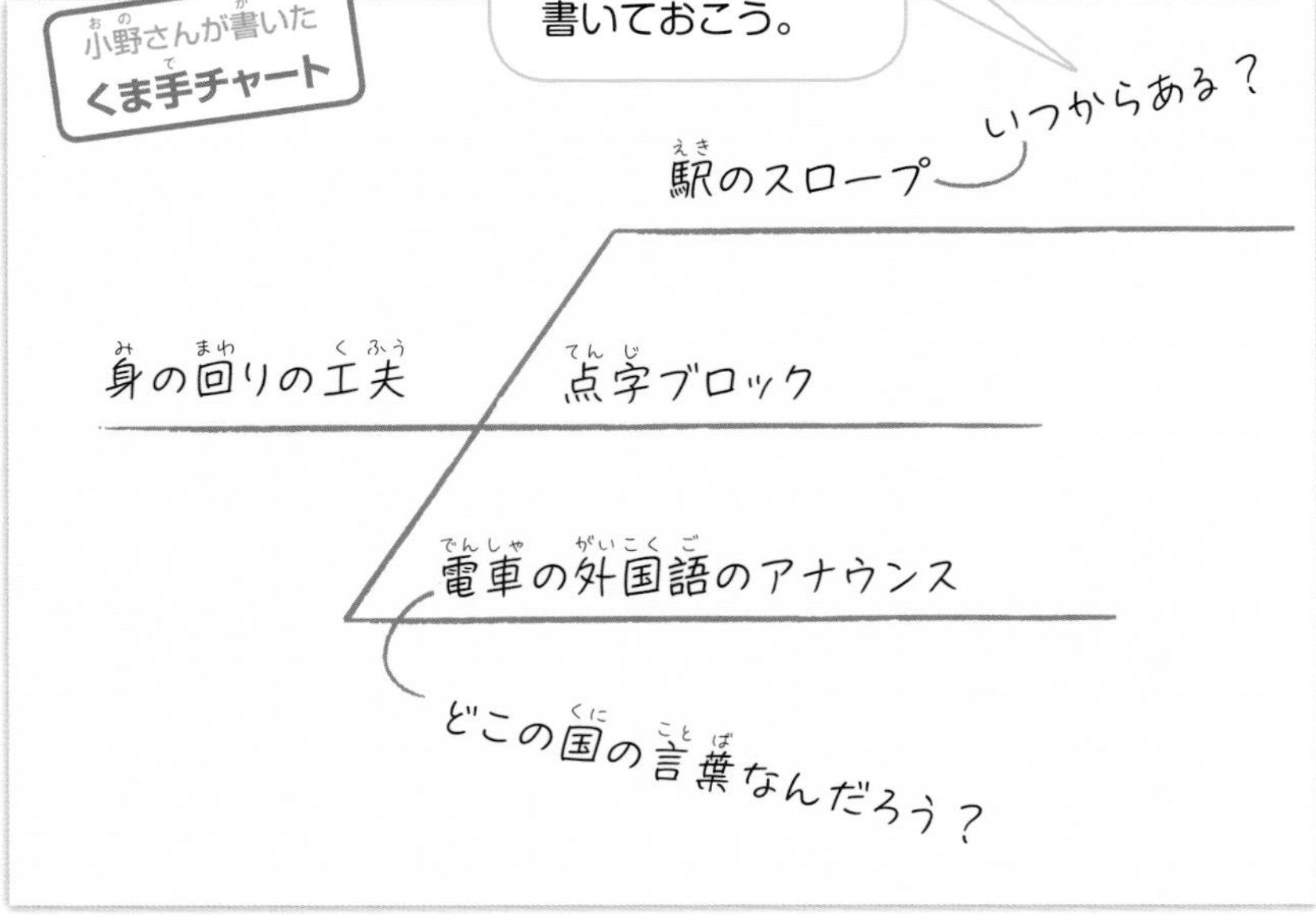

駅《えき》のスロープ
いつからある？
身《み》の回《まわ》りの工夫《くふう》
点字《てんじ》ブロック
電車《でんしゃ》の外国語《がいこくご》のアナウンス
どこの国《くに》の言葉《ことば》なんだろう？

2 調《しら》べ方《かた》を選《えら》んで、調《しら》べよう。

【1】知《し》りたいことを書《か》き出《だ》す。

調《しら》べる工夫《くふう》が決《き》まったら、その工夫《くふう》について具体的《ぐたいてき》にどんなことを知《し》りたいか考《かんが》えます。「知《し》っていること」と「知《し》らないこと・疑問点《ぎもんてん》」をふせんに書《か》き出《だ》し、**マトリックス**を使《つか》って整理《せいり》してみましょう。

マトリックス

分《わ》ける　比《くら》べる　アイデア　整理《せいり》する

知《し》らないこと・疑問点《ぎもんてん》

いつからあるのか。

どこに設置《せっち》されているのか。

どこに置《お》くか決《き》まりはあるのか。

○△市《し》に住《す》んでいたり，おとずれたりする外国《がいこく》の人《ひと》は，具体的《ぐたいてき》にどこの国《くに》の人《ひと》なのか。

どこの国《くに》の言葉《ことば》が書《か》かれているのか。

4 知《し》らないこと，思《おも》いうかんだ疑問点《ぎもんてん》などを書《か》く。「知《し》っていること」に書《か》いたことも参考《さんこう》にしよう。

1 よこの見出《みだ》しに「知《し》っていること」と「知《し》らないこと・疑問点《ぎもんてん》」を書《か》く。

2 たての見出《みだ》しに，5W《ダブリュー》 1H《エイチ》を書《か》く。

● 5W《ダブリュー》 1H《エイチ》

When《ウェン》（いつ）　Where《ウェア》（どこで，どこに）
Who《フー》（だれが）　What《ワット》（何《なに》を，何《なに》が）
Why《ワイ》（なぜ）　How《ハウ》（どのように）

ポイント

友達《ともだち》が何《なに》を書《か》いたか聞《き》いて参考《さんこう》にしよう。

森山《もりやま》さんは、「知《し》らないこと・疑問点《ぎもんてん》」にどんなことを書《か》いた？

ぼくは、「点字《てんじ》ブロックはどこに設置《せっち》されているか。」を書《か》いたよ。清原《きよはら》さんは？

清原《きよはら》さんがノートに書《か》いた
マトリックス

調《しら》べる工夫《くふう》：外国語《がいこくご》の看板《かんばん》について

	知《し》っていること
いつ	
どこで、どこに	家《いえ》からすみれ公園《こうえん》に行《い》くとちゅうにある。
だれが	○△市《し》に住《す》んでいたり，おとずれたりする外国《がいこく》の人《ひと》が使《つか》う。
何《なに》を、何《なに》が	日本語《にほんご》と英語《えいご》の他《ほか》，外国語《がいこくご》がいくつか書《か》いてある。

3 たての見出《みだ》しをもとに，工夫《くふう》について今《いま》知《し》っていることを書《か》く。知《し》っていることが思《おも》いうかばなければ，うめなくてもいい。

【2】調《しら》べ方《かた》を考《かんが》えよう。

知《し》らないこと・疑問点《ぎもんてん》を書《か》き出《だ》したら、その中《なか》で、とくに興味《きょうみ》のあることにしぼって調《しら》べていきます。まずは、**マトリックス**を使《つか》って調査《ちょうさ》の計画《けいかく》を立《た》てましょう。知《し》らないことや疑問点《ぎもんてん》に合《あ》った調《しら》べ方《かた》を選《えら》びます。

2 調《しら》べ方《かた》を選《えら》んだり，組《く》み合《あ》わせたりする。

● 工夫《くふう》を設置《せっち》・管理《かんり》している人《ひと》に話《はなし》を聞《き》きたい。 ● 工夫《くふう》を必要《ひつよう》としている人《ひと》に話《はなし》を聞《き》きたい。	● インタビュー
● 工夫《くふう》についてたくさんの人《ひと》の考《かんが》えや体験《たいけん》を知《し》りたい。	● アンケート調査《ちょうさ》
● 工夫《くふう》がどこにあるか知《し》りたい。 ● 工夫《くふう》がどんな使《つか》われ方《かた》をしているか知《し》りたい。	● 実際《じっさい》に見《み》て調《しら》べる。
● 工夫《くふう》に関《かか》わる専門家《せんもんか》の意見《いけん》や最新《さいしん》の情報《じょうほう》を知《し》りたい。	● 本《ほん》や資料《しりょう》で調《しら》べる。 ● インターネットで調《しら》べる。

外国語《がいこくご》で書《か》かれた看板《かんばん》がどこにあるか知《し》りたいから、調《しら》べ方《かた》は……。

清原《きよはら》さんがノートに書《か》いた
マトリックス

調《しら》べる工夫《くふう》：外国語《がいこくご》の看板《かんばん》

知《し》らないこと・疑問点《ぎもんてん》	調《しら》べ方《かた》	写真《しゃしん》	図《ず》
どこの国《くに》の言葉《ことば》が書《か》かれているのか。	・インターネットで調《しら》べる。 ・本《ほん》や資料《しりょう》で調《しら》べる。	○	×
どこに設置《せっち》されているのか。	通学路《つうがくろ》にあるものを実際《じっさい》に見《み》て調《しら》べる。	○	○
どうしていくつもの外国語《がいこくご》が書《か》かれているのか。	本《ほん》で調《しら》べる。	×	×

1 2【1】で書《か》いたふせんをはる。

3 写真《しゃしん》や図《ず》が必要《ひつよう》(○)か必要《ひつよう》ではない(×)かを書《か》く。

マトリックス
分《わ》ける　比《くら》べる
アイデア　整理《せいり》する

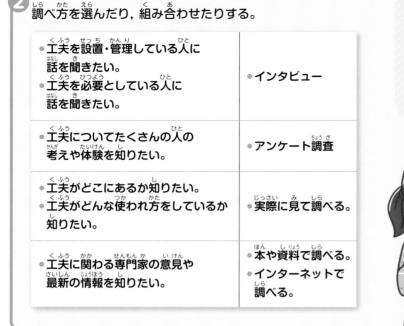

【3】調《しら》べよう。

実際《じっさい》に調《しら》べにいきましょう。調《しら》べた内容《ないよう》や出典《しゅってん》、気《き》づいたことなどについて、メモを取《と》るようにします。

●実際《じっさい》に見《み》て調《しら》べる。

中央図書館《ちゅうおうとしょかん》
Central library
中央图书馆 중앙도서관
Thư viện trung tâm
図書館《としょかん》にもあった！

●インターネットで調《しら》べる。

→資料《しりょう》58ページ

看板《かんばん》に書《か》いてあったこの文字《もじ》は……韓国語《かんこくご》だ。
世界の言語

●本《ほん》や資料《しりょう》で調《しら》べる。

→資料《しりょう》56ページ

そうか！ 英語《えいご》が分《わ》からない外国《がいこく》の人《ひと》もたくさんいるんだ。
よく分かるユニバーサルデザイン図鑑

メモの例《れい》

看板《かんばん》の設置場所《せっちばしょ》と書《か》かれている内容《ないよう》

●何《なん》の看板《かんばん》か

中央図書館《ちゅうおうとしょかん》

●設置場所《せっちばしょ》

○△市《し》の中央図書館《ちゅうおうとしょかん》の入《い》

●写真《しゃしん》

→コラム 22ページ

中央図書館《ちゅうおうとしょかん》
Central library
中央图书馆 중앙도서관
Thư viện trung tâm

書《か》かれている外国語《がいこくご》

・英語《えいご》　・中国語《ちゅうごくご》

・韓国語《かんこくご》　・ベトナム語《ご》

●気《き》づいたこと

・大《おお》きな文字《もじ》で書《か》いてある。

・漢字《かんじ》にふりがながふってある。

ポイント

必要《ひつよう》があれば写真《しゃしん》をとろう。写真《しゃしん》をとるときには，さつえいが禁止《きんし》されている場所《ばしょ》や，許可《きょか》が必要《ひつよう》な場所《ばしょ》もあるので注意《ちゅうい》しよう。

実際《じっさい》に工夫《くふう》を見《み》たり，メモを見直《みなお》したりしたときに，気《き》づいたことを書《か》いておこう。

引用《いんよう》カードの例《れい》

調《しら》べる目的《もくてき》

看板《かんばん》にいくつもの外国語《がいこくご》が書《か》かれている理由《りゆう》を説明《せつめい》するため。

引用《いんよう》したい部分《ぶぶん》

「日本《にっぽん》に住《す》んでいたり，旅行《りょこう》で訪《おとず》れたりする外国《がいこく》の人《ひと》のなかには，英語《えいご》が分《わ》からない人《ひと》もたくさんいる。そのため……」

出典《しゅってん》

安田栄太《やすだえいた》「よく分《わ》かるユニバーサルデザイン図鑑《ずかん》」ひかり図書《としょ》，2017年《ねん》，110ページ

引用《いんよう》したい文章《ぶんしょう》は，正確《せいかく》に書《か》き写《うつ》そう。長《なが》い場合《ばあい》はコピーをとってもいい。

※ここでは，写真《しゃしん》の代《か》わりにイラストを用《もち》いています。

3 報告《ほうこく》する文章《ぶんしょう》の構成《こうせい》を考《かんが》えよう。

調査《ちょうさ》が終《お》わったら、書《か》いたメモを見直《みなお》して、分《わ》かったことや自《じ》分《ぶん》の考《かんが》えなどをふせんに書《か》き出《だ》します。そのふせんの中《なか》から報告《ほうこく》書《しょ》に入《い》れたい内容《ないよう》を選《えら》び、**枝分《えだわ》かれ図《ず》**を使《つか》って報告《ほうこく》する文章《ぶんしょう》の構《こう》成《せい》を考《かんが》えましょう。

枝分《えだわ》かれ図《ず》

整理《せいり》する　見通《みとお》す　まとめる

看板《かんばん》の設置場所《せっちばしょ》と書《か》かれている内容《ないよう》

●何《なん》の看板《かんばん》か

中央図書館《ちゅうおうとしょかん》

●設置場所《せっちばしょ》

○△市《し》の中央図書館《ちゅうおうとしょかん》の入《い》り口《ぐち》

●写真《しゃしん》

中央図書館《ちゅうおうとしょかん》
Central library
中央图书馆 중앙도서관
Thư viện trung tâm

書《か》かれている外国語《がいこくご》

・英語《えいご》　・中国語《ちゅうごくご》
・韓国語《かんこくご》　・ベトナム語《ご》

●気《き》づいたこと

・大《おお》きな文字《もじ》で書《か》いてある。
・漢字《かんじ》にふりがながふってある。

調《しら》べる目的《もくてき》

看板《かんばん》にいくつもの外国語《がいこくご》が書《か》かれている理由《りゆう》を説明《せつめい》するため。

引用《いんよう》したい部分《ぶぶん》

「日本《にっぽん》に住《す》んでいたり，旅行《りょこう》で訪《おとず》れたりする外国《がいこく》の人《ひと》のなかには，英語《えいご》が分《わ》からない人《ひと》もたくさんいる。そのため……」

出典《しゅってん》

安田栄太《やすだえいた》「よく分《わ》かるユニバーサルデザイン図鑑《ずかん》」ひかり図書《としょ》，2017年《ねん》，110ページ

調《しら》べて分《わ》かった具《ぐ》体的《たいてき》な内容《ないよう》や気《き》づいたことをふせんに書《か》き出《だ》す。

○△市《し》の中央図書館《ちゅうおうとしょかん》の入《い》り口《ぐち》

・英語《えいご》
・中国語《ちゅうごくご》
・韓国語《かんこくご》
・ベトナム語《ご》

大《おお》きな文字《もじ》で書《か》いてあり，見《み》やすい。

引用《いんよう》する部分《ぶぶん》をメモしておく。

「よく分《わ》かるユニバーサルデザイン図鑑《ずかん》」からの引用《いんよう》。

自分《じぶん》も外国《がいこく》で日本語《にほんご》を見《み》つけたらうれしいだろうな。

調《しら》べたことについて考《かんが》えたこと，思《おも》ったことを書《か》く。

「調《しら》べて分《わ》かったこと」は青《あお》、「考《かんが》えたこと」はピンクのふせんに書《か》き出《だ》してみたよ。

※ここでは，写真《しゃしん》の代《か》わりにイラストを用《もち》いています。

清原《きよはら》さんがノートに書《か》いた枝《えだ》分《わ》かれ図《ず》

1 よりくわしい内容《ないよう》を後《うし》ろに書《か》いて線《せん》でつなぐ。

- **1.調《しら》べたきっかけ** ― 公園《こうえん》で見《み》つけた看板《かんばん》
  - なぜいろいろな言語《げんご》で書《か》かれているのか。
  - どんな場所《ばしょ》で活用《かつよう》されているのか。
- **2.調《しら》べ方《かた》**
  - 実際《じっさい》に見《み》て
  - インターネットや本《ほん》
- **3.調《しら》べて分《わ》かったこと**
  - 看板《かんばん》がいろいろな言語《げんご》で書《か》かれている理由《りゆう》
    - すみれ公園《こうえん》の看板《かんばん》の例《れい》 ←写真《しゃしん》を入《い》れる。
    - 「よく分《わ》かるユニバーサルデザイン図鑑《ずかん》」からの引用《いんよう》。
  - 看板《かんばん》の設置《せっち》場所《ばしょ》と書《か》かれている内容《ないよう》
    - ○△市《し》の中央図書館《ちゅうおうとしょかん》の入《い》り口《ぐち》
      - ・英語《えいご》 ・中国語《ちゅうごくご》 ・韓国語《かんこくご》 ・ベトナム語《ご》
      - 大《おお》きな文字《もじ》で書《か》いてあり，見《み》やすい。
    - すみれ公園《こうえん》
      - ・英語《えいご》 ・中国語《ちゅうごくご》 ・韓国語《かんこくご》

ポイント 構成《こうせい》に関《かか》わることはメモしておこう。

2 書《か》き出《だ》したふせんをはる。

「まとめ」は事実《じじつ》のまとめと感想《かんそう》に分《わ》けて書《か》こう。

- **4.まとめ**
  - 事実《じじつ》のまとめ
    - おもに公共《こうきょう》の場所《ばしょ》に設置《せっち》されている。
    - さまざまな国《くに》の人《ひと》が読《よ》めるように，いくつかの外国語《がいこくご》で書《か》かれている。
  - 感想《かんそう》
    - 自分《じぶん》も外国《がいこく》で日本語《にほんご》を見《み》つけたらうれしいだろうな。
    - 看板《かんばん》以外《いがい》の外国《がいこく》の人《ひと》のための工夫《くふう》も調《しら》べてみたい。 ←図書館《としょかん》で見《み》た利用《りよう》案内《あんない》のパンフレット

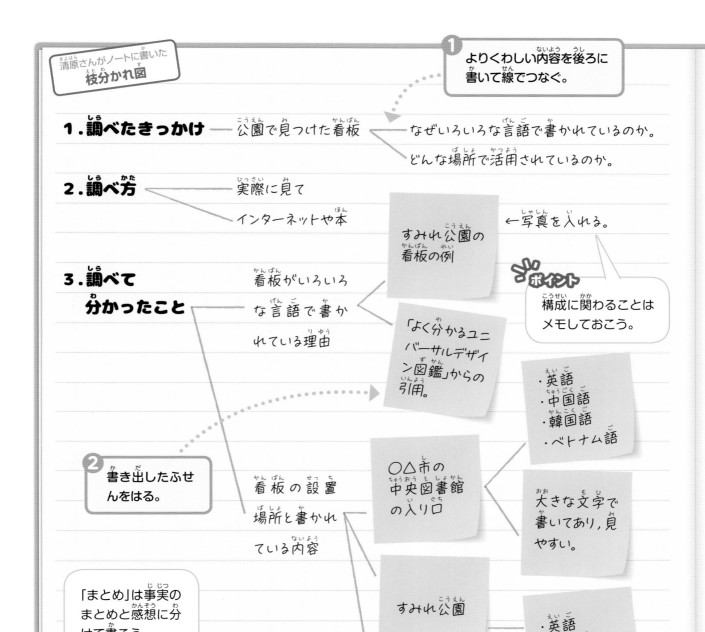

4 報告《ほうこく》する文章《ぶんしょう》を書《か》こう。

3で**枝分《えだわ》かれ図《ず》**に整理《せいり》した構成案《こうせいあん》をもとに、報告《ほうこく》する文章《ぶんしょう》をまとめましょう。

文章《ぶんしょう》を引用《いんよう》するときは，自分《じぶん》の文章《ぶんしょう》と区別《くべつ》できるようにする。長《なが》い文章《ぶんしょう》を引用《いんよう》するときは，以下《いか》の点《てん》を守《まも》って引用《いんよう》する。●文章《ぶんしょう》の上下《じょうげ》を1行《ぎょう》ずつ空《あ》ける。●段落《だんらく》の始《はじ》まりを3，4文字《もじ》下《さ》げる。●引用《いんよう》した本《ほん》などの情報《じょうほう》を明《あき》らかにする。

日本《にっぽん》に住《す》んでいたり，旅行《りょこう》で訪《おとず》れたりする外国《がいこく》の人《ひと》のなかには，英語《えいご》が分《わ》からない人《ひと》もたくさんいる。そのため日本《にほん》に住《す》んでいたり，旅行《りょこう》で訪《おとず》れたりすることの多《おお》い中国《ちゅうごく》や韓国《かんこく》の人《ひと》たちに向《む》けて，看板《かんばん》には中国語《ちゅうごくご》や韓国語《かんこくご》が書《か》かれていることが多《おお》い。（安田《やすだ》 栄太《えいた》「よく分《わ》かるユニバーサルデザイン図鑑《ずかん》」110ページ）

「よく分《わ》かるユニバーサルデザイン図鑑《ずかん》」からの引用《いんよう》。

(2)外国語《がいこくご》の看板《かんばん》の設置場所《せっちばしょ》

・○△市《し》の中央図書館《ちゅうおうとしょかん》の入《い》り口《ぐち》

書《か》かれている外国語《がいこくご》：英語《えいご》，中国語《ちゅうごくご》，韓国語《かんこくご》，ベトナム語《ご》

図書館《としょかん》の名前《なまえ》が外国語《がいこくご》でも書《か》かれていた。文字《もじ》が大《おお》きく，見《み》やすかった。

中央図書館《ちゅうおうとしょかん》
Central library
中央图书馆 중앙도서관
Thư viện trung tâm

・すみれ公園《こうえん》　書《か》かれている外国語《がいこくご》：英語《えいご》，中国語《ちゅうごくご》，韓国語《かんこくご》

○△市《し》の中央図書館《ちゅうおうとしょかん》の入《い》り口《ぐち》

・英語《えいご》
・中国語《ちゅうごくご》
・韓国語《かんこくご》
・ベトナム語《ご》

4　まとめ

・事実《じじつ》のまとめ

外国語《がいこくご》の看板《かんばん》には，さまざまな国《くに》の人《ひと》が読《よ》めるように，英語《えいご》や中国語《ちゅうごくご》，韓国語《かんこくご》など，いろいろな言語《げんご》が書《か》かれていた。これらの看板《かんばん》は公園《こうえん》や図書館《としょかん》，駅《えき》など，多《おお》くの人《ひと》が利用《りよう》する公共《こうきょう》の場所《ばしょ》を中心《ちゅうしん》に設置《せっち》されていた。

・感想《かんそう》

わたしがもし外国《がいこく》に移《うつ》り住《す》んだり，旅行《りょこう》したりしたとき，町《まち》の中《なか》の看板《かんばん》に日本語《にほんご》が書《か》かれていたら，うれしくなると思《おも》う。中央図書館《ちゅうおうとしょかん》には，複数《ふくすう》の言語《げんご》で書《か》かれた利用案内《りようあんない》のパンフレットも置《お》いてあった。今度《こんど》は，外国《がいこく》の人《ひと》も過《す》ごしやすい町《まち》にする工夫《くふう》にどんなものがあるか，看板以外《かんばんいがい》でも調《しら》べてみたい。

〈参考《さんこう》〉安田《やすだ》 栄太《えいた》「よく分《わ》かるユニバーサルデザイン図鑑《ずかん》」ひかり図書《としょ》(2017年《ねん》)
○△市《し》「市内《しない》の多言語表記《たげんごひょうき》について」〈https://www.…〉見《み》た日《ひ》：10月《がつ》8日《か》

自分《じぶん》も外国《がいこく》で日本語《にほんご》を見《み》つけたらうれしいだろうな。

看板以外《かんばんいがい》の外国《がいこく》の人《ひと》のための工夫《くふう》も調《しら》べてみたい。

メモの出典《しゅってん》をもとに，参考資料《さんこうしりょう》の内容《ないよう》を書《か》く。
→ 資料《しりょう》 60ページ

調《しら》べたきっかけとまとめが対応《たいおう》するようにする。

3で作《つく》った枝分《えだわ》かれ図《ず》をかくにんしながら書《か》いていこう。書《か》きわすれがないよう、ふせんを文章《ぶんしょう》を書《か》く紙《かみ》のはしにはりながら書《か》くといいよ！

清原《きよはら》さんが書《か》いた報告《ほうこく》する文章《ぶんしょう》

ポイント

タイトルは報告《ほうこく》する文章《ぶんしょう》の内容《ないよう》を短《みじか》く，分《わ》かりやすくまとめたものにする。

外国語《がいこくご》の看板《かんばん》で，さまざまな国《くに》の人《ひと》にやさしい町《まち》へ

5年《ねん》2組《くみ》　清原《きよはら》さくら

1　調《しら》べたきっかけ

この前《まえ》，すみれ公園《こうえん》に行《い》くとちゅうで外国語《がいこくご》が書《か》かれた看板《かんばん》を見《み》つけた。日本語《にほんご》や英語《えいご》は分《わ》かったが，それ以外《いがい》はどこの国《くに》の言葉《ことば》か分《わ》からなかった。そこで，このような外国語《がいこくご》の看板《かんばん》がなぜいろいろな言語《げんご》で書《か》かれているのか，どんな場所《ばしょ》で活用《かつよう》されているのか知《し》りたくなった。

2　調《しら》べ方《かた》

大《おお》きく分《わ》けて，二《ふた》つの方法《ほうほう》で調《しら》べた。一《ひと》つ目《め》は，実際《じっさい》に見《み》ての調査《ちょうさ》だ。通学路《つうがくろ》で，看板《かんばん》のあった場所《ばしょ》や書《か》かれている言語《げんご》を記録《きろく》した。二《ふた》つ目《め》は，インターネットや本《ほん》での調査《ちょうさ》だ。書《か》かれている外国語《がいこくご》がどこの国《くに》の言葉《ことば》か，どうしていろいろな言語《げんご》で書《か》かれているのか調《しら》べた。

3　調《しら》べて分《わ》かったこと

(1)外国語《がいこくご》の看板《かんばん》がいろいろな言語《げんご》で書《か》かれている理由《りゆう》

右《みぎ》の写真《しゃしん》は，わたしがすみれ公園《こうえん》の近《ちか》くで見《み》つけた看板《かんばん》だ。日本語《にほんご》と英語《えいご》以外《いがい》に中国語《ちゅうごくご》，韓国語《かんこくご》で書《か》いてある。看板《かんばん》の中《なか》には，ベトナム語《ご》やポルトガル語《ご》が書《か》かれたものもあった。

すみれ公園
Sumire Park
堇菜公园
제비꽃공원

すみれ公園《こうえん》の看板《かんばん》の例《れい》

このようにいろいろな外国語《がいこくご》が看板《かんばん》に書《か》かれている理由《りゆう》を本《ほん》で調《しら》べたところ，次《つぎ》のように説明《せつめい》されていた。

文章《ぶんしょう》だけでは伝《つた》わりにくい内容《ないよう》は，絵《え》や写真《しゃしん》，図表《ずひょう》などを入《い》れるようにする。

※ここでは，写真《しゃしん》の代《か》わりにイラストを用《もち》いています。

5 読《よ》み合《あ》って感想《かんそう》を伝《つた》えよう。

できあがったら、友達《ともだち》と報告《ほうこく》する文章《ぶんしょう》を読《よ》み合《あ》いましょう。どんなところが分《わ》かりやすかったか、それはなぜかなど、感想《かんそう》を具体的《ぐたいてき》に伝《つた》えるようにします。

ありがとう！　小野《おの》さんの文《ぶん》章《しょう》には、いつからスロープが広《ひろ》まったかが本《ほん》から引用《いんよう》されていて、分《わ》かりやすかったよ。

看板《かんばん》に英語《えいご》以外《いがい》の言語《げんご》が書《か》かれているのは、英語《えいご》が分《わ》からない外国《がいこく》の人《ひと》もたくさんいるからなんだね。初《はじ》めて知《し》ったよ！

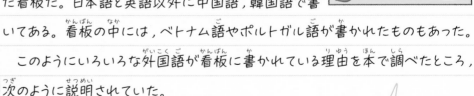

イメージマップ

広《ひろ》げる　つなげる　アイデア
イメージマップは、一《ひと》つの言葉《ことば》や物事《ものごと》、話題《わだい》から、アイデアを出《だ》したり、広《ひろ》げたりするために使《つか》うことができます。ここでは、質問《しつもん》を考《かんが》えるときに使《つか》う例《れい》をしょうかいします。

きいて、きいて、きいてみよう＊

友達《ともだち》や先生《せんせい》、家族《かぞく》など、親《した》しい人《ひと》に聞《き》いてみたいことはありませんか。**イメージマップ**を使《つか》って、インタビューするときの質問《しつもん》を考《かんが》えてみましょう。

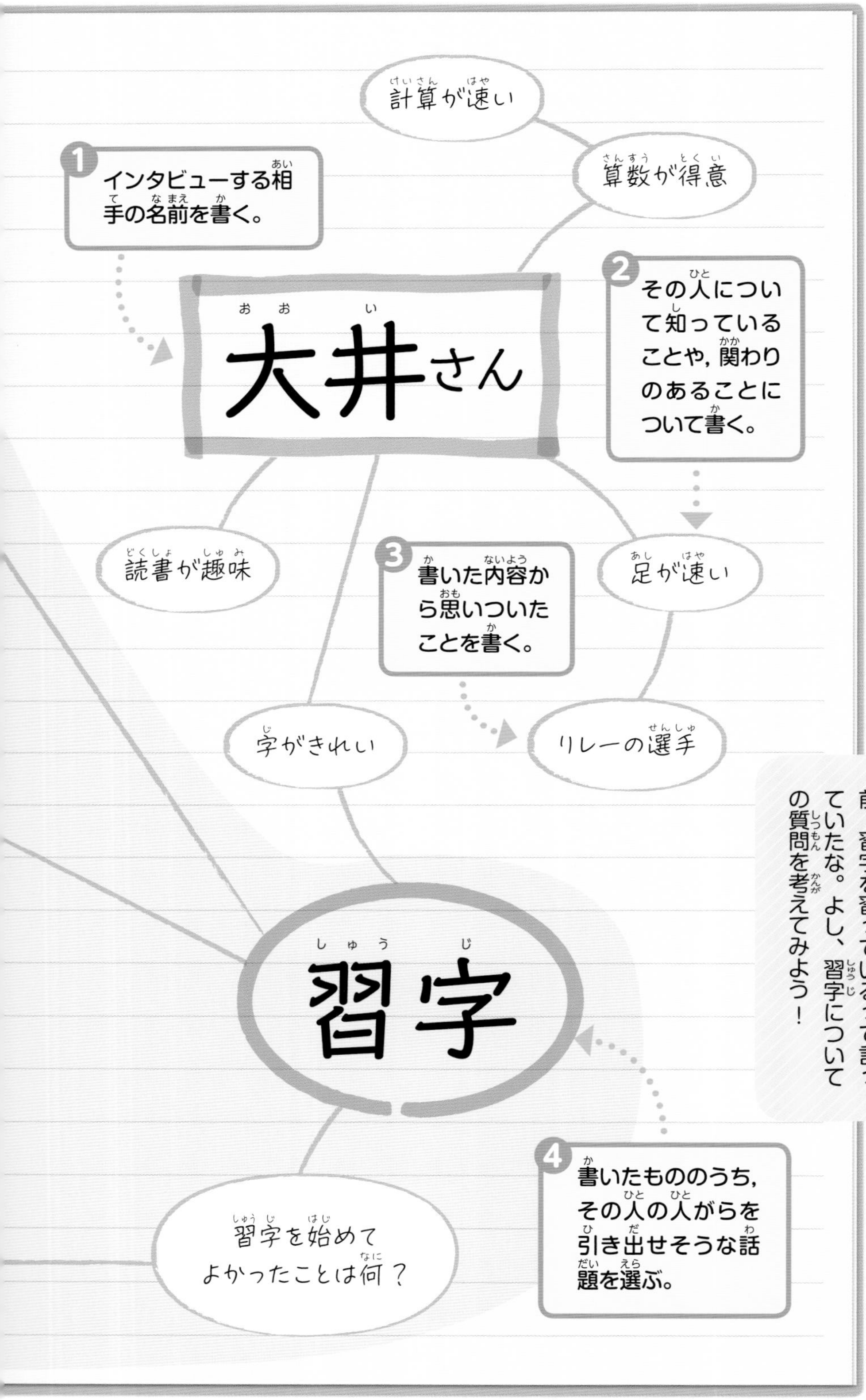
1 インタビューする相《あい》手《て》の名前《なまえ》を書《か》く。
大《おお》井《い》さん
計算《けいさん》が速《はや》い
算数《さんすう》が得意《とくい》
2 その人《ひと》について知《し》っていることや，関《かか》わりのあることについて書《か》く。
読書《どくしょ》が趣味《しゅみ》
3 書《か》いた内容《ないよう》から思《おも》いついたことを書《か》く。
足《あし》が速《はや》い
字《じ》がきれい
リレーの選手《せんしゅ》
習字《しゅうじ》
習字《しゅうじ》を始《はじ》めてよかったことは何《なに》？
4 書《か》いたもののうち，その人《ひと》の人《ひと》がらを引《ひ》き出《だ》せそうな話題《わだい》を選《えら》ぶ。

大《おお》井《い》さん
大《おお》井《い》さんは……算数《さんすう》が得意《とくい》で、足《あし》が速《はや》くて……そういえばこの前《まえ》、習字《しゅうじ》を習《なら》っているって言《い》っていたな。よし、習字《しゅうじ》についての質問《しつもん》を考《かんが》えてみよう！
清原《きよはら》さん

＊光村図書《みつむらとしょ》の国語教科書《こくごきょうかしょ》の教材名《きょうざいめい》に対応《たいおう》しています。

清原《きよはら》さんがノートに書《か》いた
イメージマップ

ポイント

質問《しつもん》を考《かんが》えるときには５Ｗ《ダブリュー》１Ｈ《エイチ》も参考《さんこう》にしよう。

When《ウェン》（いつ）
Where《ウェア》（どこで）
Who《フー》（だれが）
What《ワット》（何《なに》を）
Why《ワイ》（なぜ）
How《ハウ》（どのように）

タイトル：大井《おおい》さんに聞《き》きたいこと

読書《どくしょ》と習字《しゅうじ》，どちらが好《す》き？

どうして習字《しゅうじ》が好《す》きなの？

読書《どくしょ》が習字《しゅうじ》に影響《えいきょう》することはある？

どんなところが好《す》き？

Who《フー》（だれが）
好《す》きな書道家《しょどうか》はいる？それはだれ？

どんなところがたいへん？

Why《ワイ》（なぜ）
たいへんでも続《つづ》けているのはなぜ？

5 選《えら》んだ話題《わだい》について，思《おも》いついた質問《しつもん》を書《か》く。

毎日何時間《まいにちなんじかん》くらい練習《れんしゅう》するの？

How《ハウ》（どのように）
どんなふうに練習《れんしゅう》するの？

6 書《か》いた言葉《ことば》を手《て》がかりに，新《あたら》しい質問《しつもん》を考《かんが》える。

なぜ習字《しゅうじ》を始《はじ》めたの？

・なぜ習字《しゅうじ》を始《はじ》めたの？
・どうして習字《しゅうじ》が好《す》きなの？
・読書《どくしょ》と習字《しゅうじ》，どちらが好《す》き？
・どんなところがたいへん？
・毎日何時間《まいにちなんじかん》くらい練習《れんしゅう》するの？

7 イメージマップに書《か》き出《だ》した質問《しつもん》から，より聞《き》きたいものを選《えら》んでメモを作《つく》る。

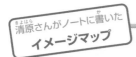

ここでも使《つか》える！

イメージマップ

日常《にちじょう》を十七音《じゅうしちおん》で＊

イメージマップは、俳句《はいく》や物語《ものがたり》のアイデアを出《だ》すためにも使《つか》うことができます。ここでは、「夏《なつ》」をお題《だい》に俳句《はいく》を作《つく》るときの例《れい》を見《み》てみましょう。

広《ひろ》げる
つなげる
アイデア

イメージマップは、一《ひと》つの言葉《ことば》や物事《ものごと》、話題《わだい》から、アイデアを出《だ》したり、広《ひろ》げたりするために使《つか》います。ここでは、俳句《はいく》によみこむ言葉《ことば》をさがすときに使《つか》う例《れい》をしょうかいします。

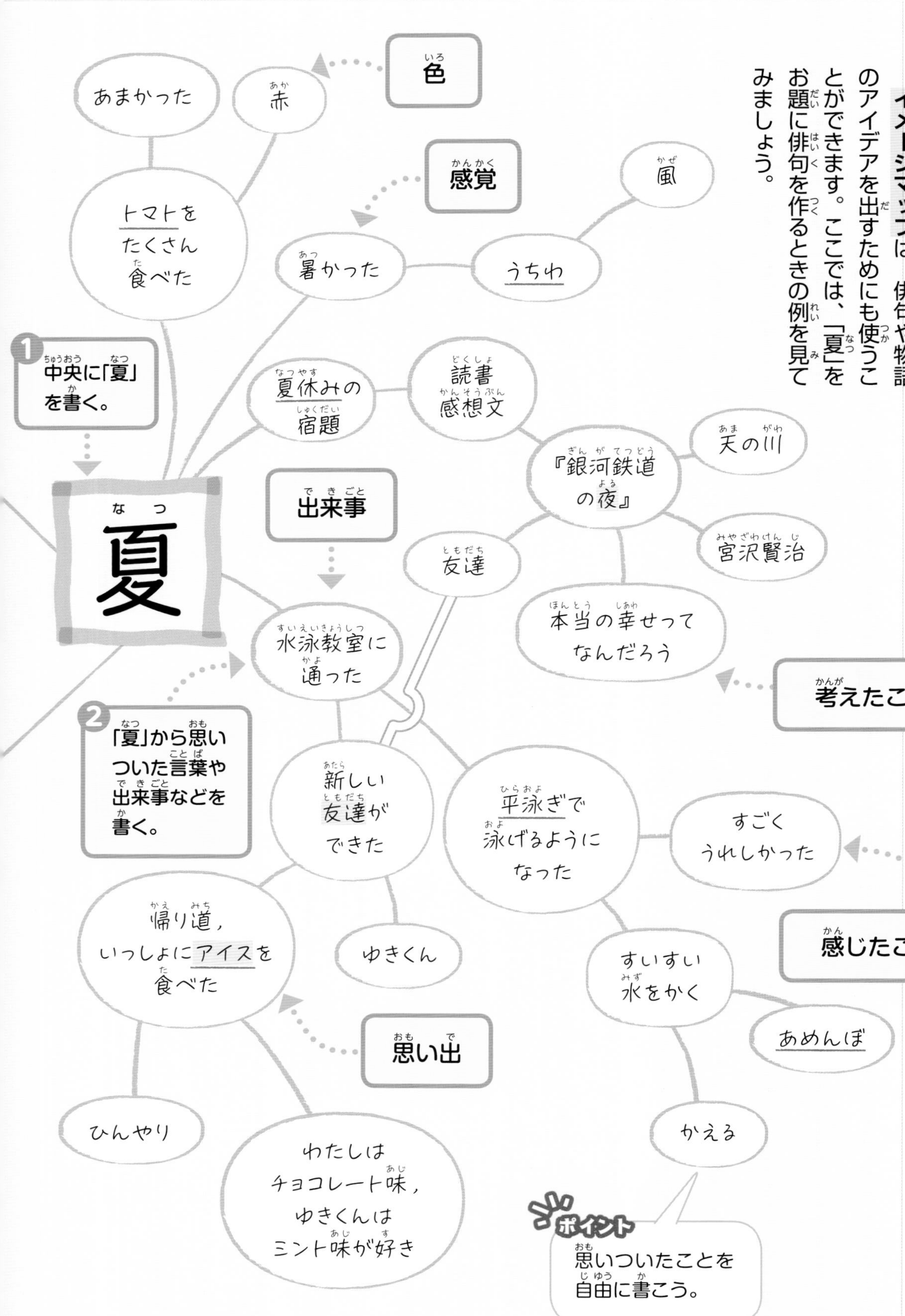

夏《なつ》
1 中央《ちゅうおう》に「夏《なつ》」を書《か》く。
2 「夏《なつ》」から思《おも》いついた言葉《ことば》や出来事《できごと》などを書《か》く。
色《いろ》
赤《あか》
あまかった
トマトをたくさん食《た》べた
感覚《かんかく》
風《かぜ》
暑《あつ》かった
うちわ
夏休《なつやす》みの宿題《しゅくだい》
読書《どくしょ》感想文《かんそうぶん》
『銀河鉄道《ぎんがてつどう》の夜《よる》』
天《あま》の川《がわ》
宮沢賢治《みやざわけんじ》
出来事《できごと》
友達《ともだち》
本当《ほんとう》の幸《しあわ》せってなんだろう
考《かんが》えたこと
水泳教室《すいえいきょうしつ》に通《かよ》った
新《あたら》しい友達《ともだち》ができた
平泳《ひらおよ》ぎで泳《およ》げるようになった
すごくうれしかった
感《かん》じたこと
帰《かえ》り道《みち》，いっしょにアイスを食《た》べた
ゆきくん
すいすい水《みず》をかく
あめんぼ
思《おも》い出《で》
ひんやり
かえる
わたしはチョコレート味《あじ》，ゆきくんはミント味《あじ》が好《す》き
ポイント
思《おも》いついたことを自由《じゆう》に書《か》こう。

＊光村図書《みつむらとしょ》の国語教科書《こくごきょうかしょ》の教材名《きょうざいめい》に対応《たいおう》しています。

清原《きよはら》さんが書《か》いた
イメージマップ

タイトル:「夏《なつ》」から思《おも》いついた言葉《ことば》

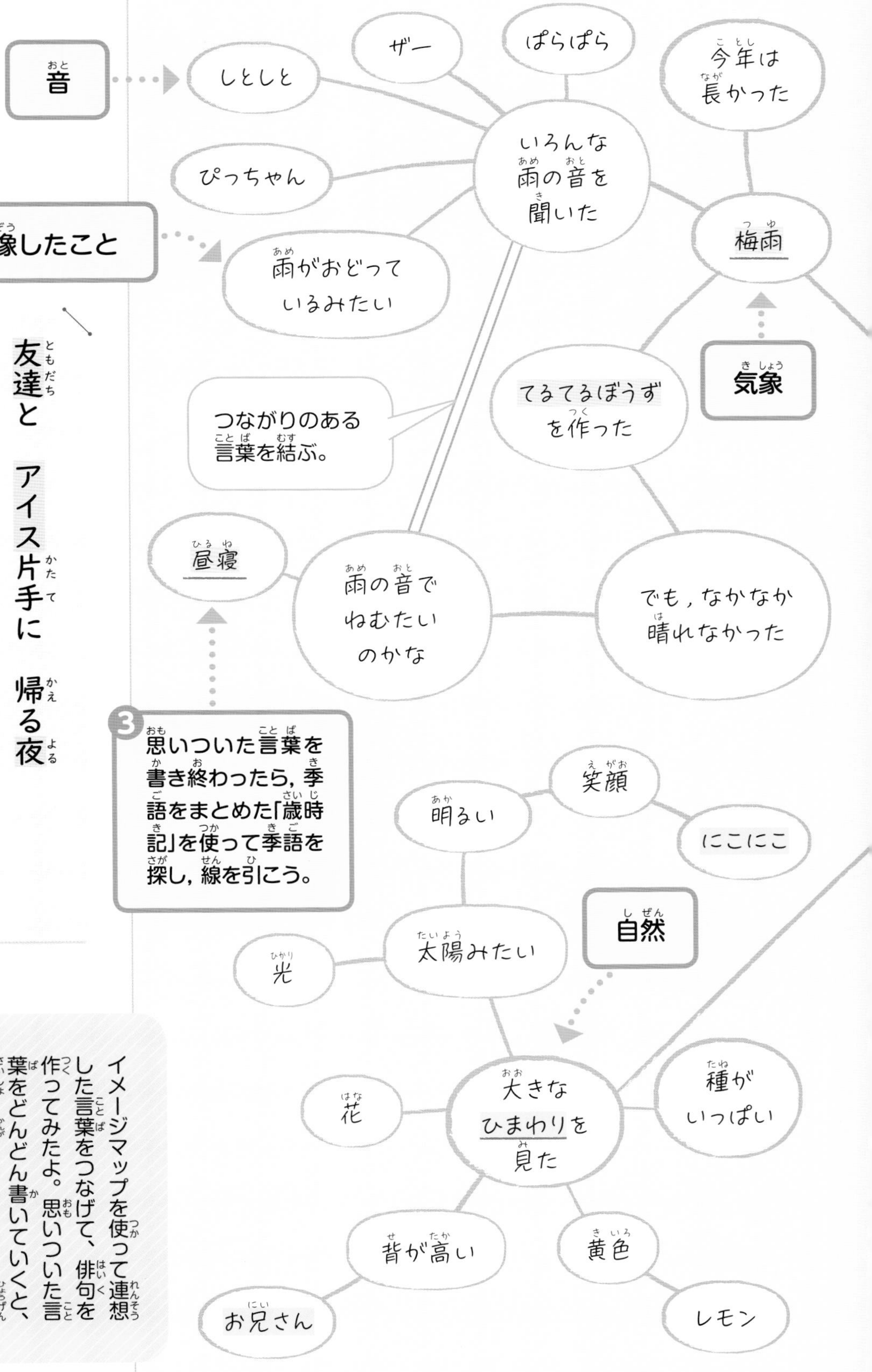

音《おと》
しとしと
ザー
ぱらぱら
今年《ことし》は長《なが》かった
ぴっちゃん
いろんな雨《あめ》の音《おと》を聞《き》いた
梅雨《つゆ》
想像《そうぞう》したこと
雨《あめ》がおどっているみたい
気象《きしょう》
てるてるぼうずを作《つく》った
つながりのある言葉《ことば》を結《むす》ぶ。
昼寝《ひるね》
雨《あめ》の音《おと》でねむたいのかな
でも，なかなか晴《は》れなかった
笑顔《えがお》
明《あか》るい
にこにこ
自然《しぜん》
太陽《たいよう》みたい
光《ひかり》
大《おお》きなひまわりを見《み》た
花《はな》
種《たね》がいっぱい
背《せ》が高《たか》い
黄色《きいろ》
お兄《にい》さん
レモン

3 思《おも》いついた言葉《ことば》を書《か》き終《お》わったら，季《き》語《ご》をまとめた「歳時《さいじ》記《き》」を使《つか》って季語《きご》を探《さが》し，線《せん》を引《ひ》こう。

清原《きよはら》さんが作《つく》った
俳句《はいく》

友達《ともだち》と　アイス片手《かたて》に　帰《かえ》る夜《よる》

にこにこの　ひまわりわたしの　お兄《にい》さん

長《なが》い梅雨《つゆ》　てるてるぼうずは　昼寝《ひるね》中

清原《きよはら》さん

イメージマップを使《つか》って連想《れんそう》した言葉《ことば》をつなげて、俳句《はいく》を作《つく》ってみたよ。思《おも》いついた言《こと》葉《ば》をどんどん書《か》いていくと、最初《さいしょ》は考《かんが》えつかなかった表現《ひょうげん》が出《で》てきて、おもしろいね！

写真《しゃしん》を上手《じょうず》に取《と》り入《い》れよう

報告《ほうこく》する文章《ぶんしょう》やポスター、新聞《しんぶん》などを書《か》くときには、文章《ぶんしょう》と写真《しゃしん》を組《く》み合《あ》わせると、より分《わ》かりやすくなります。写真《しゃしん》をとるときや選《えら》ぶときに大切《たいせつ》なことは、読《よ》み手《て》にとって分《わ》かりやすいかを、よく考《かんが》えることです。ここでは写《しゃ》真《しん》の上手《じょうず》なとり方《かた》や使《つか》い方《かた》をしょうかいします。

自分《じぶん》で写真《しゃしん》をとるとき

●写真《しゃしん》をとる許可《きょか》をもらおう

施設《しせつ》や店《みせ》などで写真《しゃしん》をとるときには、最初《さいしょ》にそこの受付《うけつけ》やお店《みせ》の人《ひと》などに声《こえ》をかけましょう。自分《じぶん》の名前《なまえ》や学校名《がっこうめい》、さつえいの目的《もくてき》をはっきり伝《つた》えるようにします。さつえいが禁止《きんし》されている場所《ばしょ》や、許可《きょか》が必要《ひつよう》な場所《ばしょ》もあるので、注意《ちゅうい》しましょう。また、人《ひと》がうつる写真《しゃしん》をとるときには、必《かなら》ずその人《ひと》の許可《きょか》をもらいましょう。

受付
こんにちは。わたしは、○○小学校《しょうがっこう》五年《ごねん》二《に》組《くみ》の清原《きよはら》さくらといいます。今《いま》、国語《こくご》の授《じゅ》業《ぎょう》で外国語《がいこくご》の書《か》かれている看板《かんばん》について調《しら》べています。中央《ちゅうおう》図書館《としょかん》の前《まえ》にある看板《かんばん》に外国語《がいこくご》が書《か》かれていたので、報告《ほうこく》する文章《ぶんしょう》の中《なか》でしょうかいしたいと思《おも》っています。看板《かんばん》の写真《しゃしん》をとってもいいでしょうか。

●アップとルーズを使《つか》い分《わ》けよう

写真《しゃしん》のとり方《かた》には、ある部分《ぶぶん》を大《おお》きく写《うつ》す「アップ」と、広《ひろ》いはんいを写《うつ》す「ルーズ」があります。例《たと》えば図書館《としょかん》の看板《かんばん》をとるとき、アップでとると、看板《かんばん》に書《か》かれている文字《もじ》がはっきりと分《わ》かります。しかし、看板《かんばん》が置《お》かれている場所《ばしょ》の様子《ようす》は分《わ》かりません。一方《いっぽう》、ルーズでとれば、看板《かんばん》がたくさんの人《ひと》が行《い》きかう場所《ばしょ》に設置《せっち》されていることなどが分《わ》かりますが、看板《かんばん》に書《か》かれている内容《ないよう》は分《わ》かりにくくなります。このように、同《おな》じものをさつえいしても、アップかルーズかで伝《つた》えられる内容《ないよう》は変《か》わります。自分《じぶん》が何《なに》を伝《つた》えたいかに合《あ》わせて、アップとルーズを使《つか》い分《わ》けるようにしましょう。

ポイント

アップ：せまいはんいの細《こま》かい様子《ようす》が分《わ》かる。

三鷹市芸術
三鷹駅前市政窓口
Mitaka Ekimae Branch
180m
三鷹ネットワーク大学
Mitaka Network University
180m
三鷹市美術ギャラリー
Mitaka City Art Gallery
130m

ルーズ：広《ひろ》いはんいの様子《ようす》が分《わ》かる。

●写真《しゃしん》の大《おお》きさに大小《だいしょう》をつけよう

写真《しゃしん》を複数枚使《ふくすうまいつか》うときには、大《おお》きさに大小《だいしょう》をつけることで、どれがより重要《じゅうよう》かを伝《つた》えることができます。また、手順《てじゅん》や変化《へんか》の様子《ようす》を見《み》せたいときには、大《おお》きさをそろえてならべることで、分《わ》かりやすくなります。

手順《てじゅん》や変化《へんか》の様子《ようす》を見《み》せるときは，大《おお》きさをそろえよう。

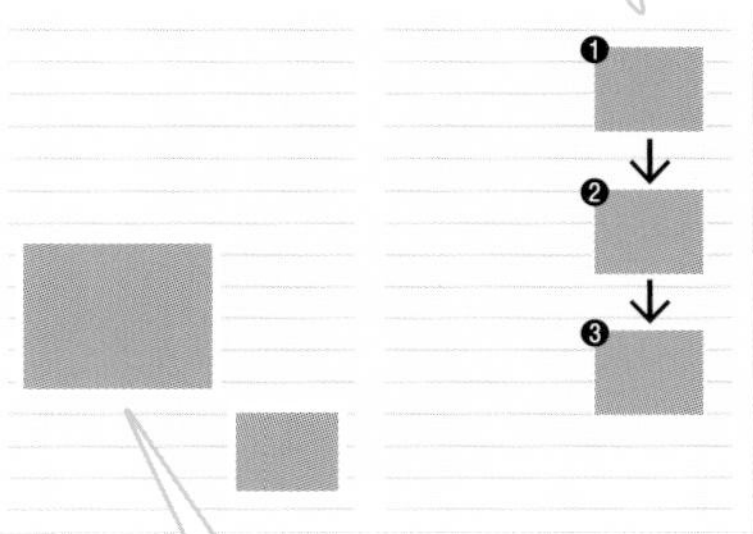

より重要《じゅうよう》だと考《かんが》える写真《しゃしん》を大《おお》きくしよう。

●写真《しゃしん》の説明《せつめい》を書《か》こう

写真《しゃしん》には、写真《しゃしん》の内容《ないよう》を説明《せつめい》する文《ぶん》をそえるようにしましょう。また、さつえいした人《ひと》の名前《なまえ》とさつえいした日《ひ》にちも書《か》いておきましょう。

▲○△市《し》の道標《どうひょう》。（さつえい：清原《きよはら》さくら　さつえい日《び》：2020年《ねん》10月5日《がついつか》）

写真《しゃしん》の説明《せつめい》とさつえいした人《ひと》の名前《なまえ》，さつえい日《び》を書《か》く。

本《ほん》やインターネットの写真《しゃしん》を引用《いんよう》するとき

自分《じぶん》ではさつえいできないものをしょうかいしたいときや、さつえいする時間《じかん》がとれないときなどは、本《ほん》やインターネットにけいさいされている写真《しゃしん》を引用《いんよう》するのも一《ひと》つの方法《ほうほう》です。自由《じゆう》な利《り》用《よう》が許可《きょか》されていることをかくにんしてから、コピーをとったり、印刷《いんさつ》したりして使《つか》いましょう。そのときには、写真《しゃしん》がけいさいされている本《ほん》やウェブサイトの情報《じょうほう》を記《しる》して、引用《いんよう》であることが分《わ》かるようにします。

自分《じぶん》でさつえいすることができない外国《がいこく》の写真《しゃしん》や昔《むかし》の写真《しゃしん》などは、本《ほん》やインターネットで見《み》つけるようにしよう。

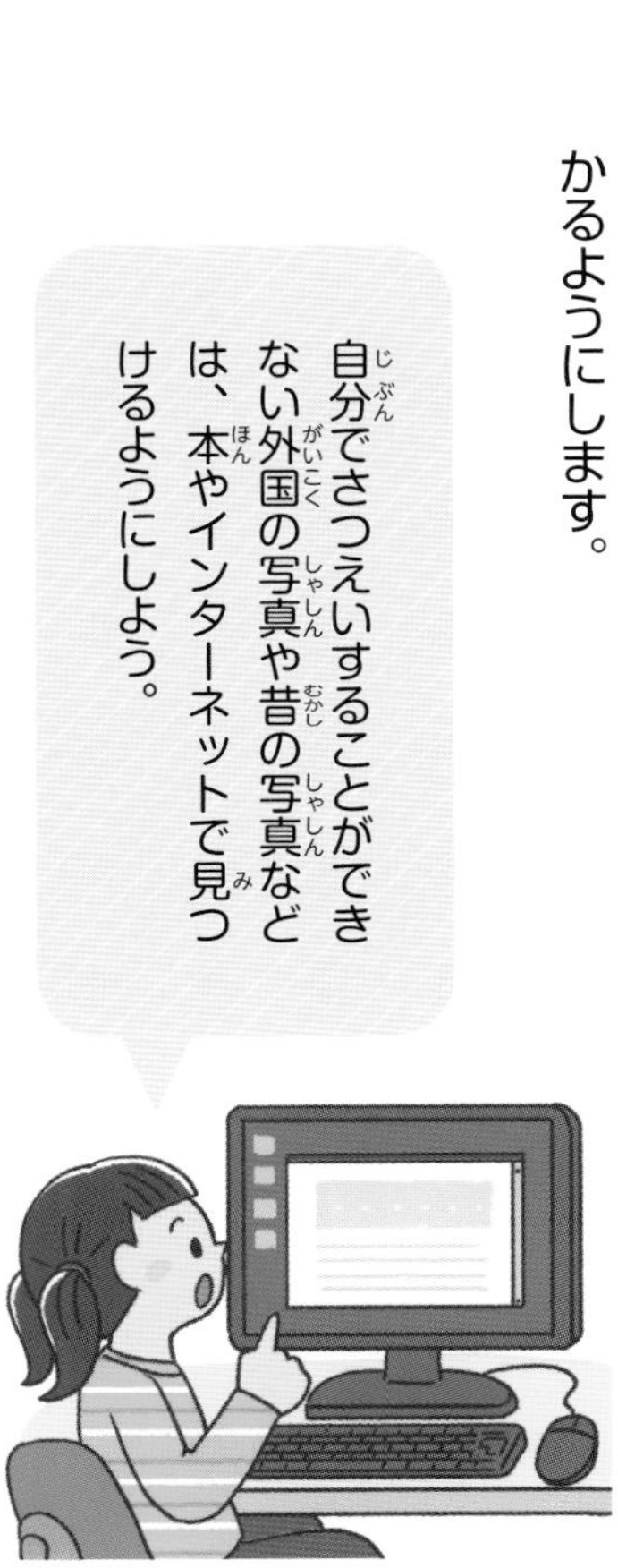

カナダは北米《ほくべい》にある国《くに》で，公《こう》用語《ようご》は英語《えいご》とフランス語《ご》です。ケベック州《しゅう》のいちばんの都市《とし》であるモントリオールや，カナダの首都《しゅと》であるオンタリオ州《しゅう》のオタワでは，街《まち》のいたるところで，英語《えいご》とフランス語《ご》の文《も》字《じ》が見《み》られます。一方《いっぽう》で，トロントやバンクーバーなどの都市《とし》では，フランス語《ご》はほとんど使《つか》われていないようです。

▲カナダの首都《しゅと》オタワにある英語《えいご》とフランス語《ご》で書《か》かれた交通標識《こうつうひょうしき》。（「カナダ観光案内《かんこうあんない》」カナダ観光案内《かんこうあんない》局《きょく》〈https://www.―――〉　写真《しゃしん》を保存《ほぞん》した日《ひ》：2020年《ねん》10月3日《がつみっか》）

出典《しゅってん》を明《あき》らかにしよう。
本《ほん》の場合《ばあい》：本《ほん》のタイトル，著者名《ちょしゃめい》，出版社名《しゅっぱんしゃめい》，出版年《しゅっぱんねん》
インターネットの場合《ばあい》：ウェブサイトのタイトル，作成者《さくせいしゃ》，URL《ユーアールエル》，写真《しゃしん》を保存《ほぞん》した日《ひ》

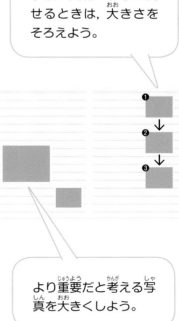

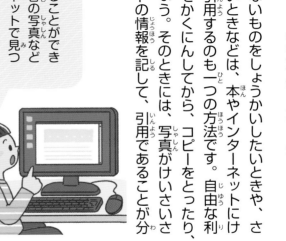

2 たがいの立場《たちば》を明確《めいかく》にして話《はな》し合《あ》おう

－よりよい学校生活《がっこうせいかつ》のために－

ふせんと囲《かこ》み
フィッシュボーン
マトリックス
座標軸《ざひょうじく》

1 学校生活《がっこうせいかつ》の中《なか》から、議題《ぎだい》を決《き》めよう。

【1】してみたいことや課題《かだい》を出《だ》し合《あ》おう。

学校生活《がっこうせいかつ》をよりよいものにするために、どんなことができるでしょうか。新《あら》たにしてみたいことや解決《かいけつ》したい身近《みぢか》な課題《かだい》をクラスで出《だ》し合《あ》い、**ふせんと囲《かこ》み**を使《つか》って整理《せいり》しましょう。

ふせんと囲《かこ》み
アイデア　まとめる

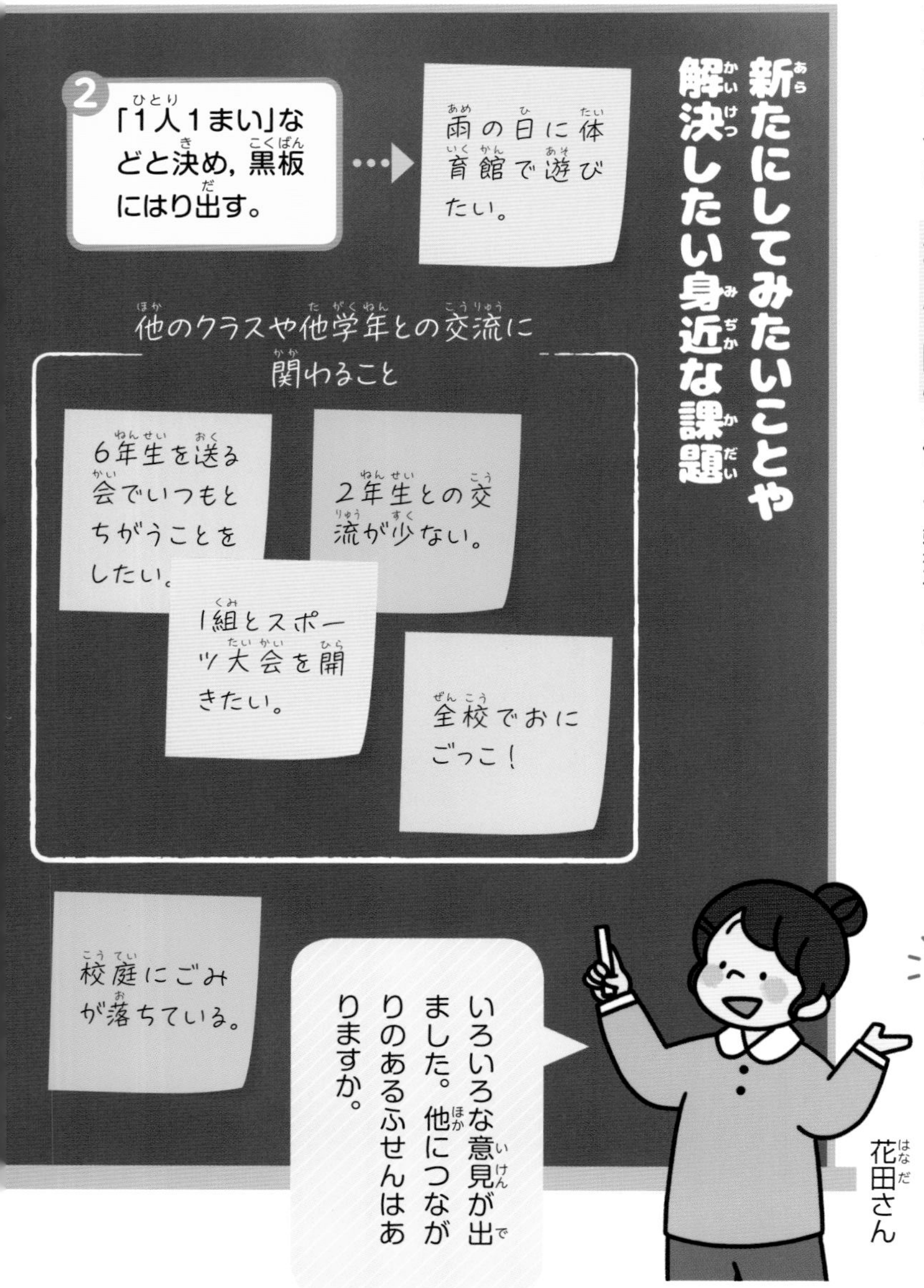

新《あら》たにしてみたいことや解決《かいけつ》したい身近《みぢか》な課題《かだい》
2 「1人《ひとり》1まい」など決《き》め，黒板《こくばん》にはり出《だ》す。
雨《あめ》の日《ひ》に体育館《たいいくかん》で遊《あそ》びたい。
他《ほか》のクラスや他学年《たがくねん》との交流《こうりゅう》に関《かか》わること
6年生《ねんせい》を送《おく》る会《かい》でいつもとちがうことをしたい。
2年生《ねんせい》との交流《こうりゅう》が少《すく》ない。
1組《くみ》とスポーツ大会《たいかい》を開《ひら》きたい。
全校《ぜんこう》でおにごっこ！
校庭《こうてい》にごみが落《お》ちている。
いろいろな意見《いけん》が出《で》ました。他《ほか》につながりのあるふせんはありますか。
花田《はなだ》さん

ぼくは最近《さいきん》、クラスで給食《きゅうしょく》の食《た》べ残《のこ》しが多《おお》いことが気《き》になる。
石川《いしかわ》さん
クラスで給食《きゅうしょく》の食《た》べ残《のこ》しが多《おお》い。
ポイント
司会《しかい》の人《ひと》が意見《いけん》をまとめよう。
1 思《おも》いついた課題《かだい》をふせんに書《か》き出《だ》す。

【2】議題《ぎだい》を決《き》めよう。

ふせんと囲《かこ》みで整理《せいり》した話題《わだい》から、何《なに》を議題《ぎだい》にするか決《き》めます。クラスのみんながとくに興味《きょうみ》のあるもの、重要《じゅうよう》だと考《かんが》えるものを議題《ぎだい》にしましょう。

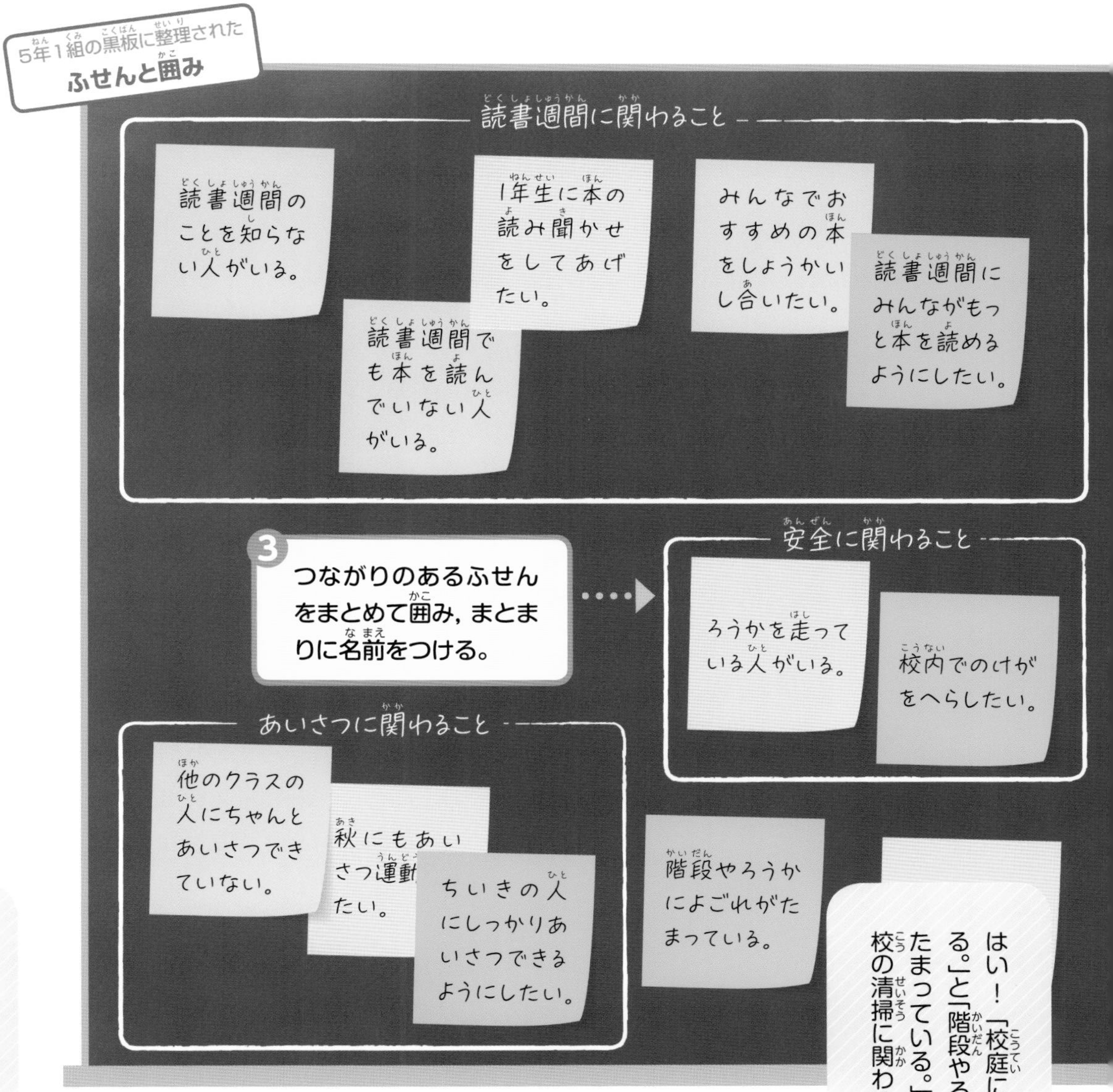

5年《ねん》1組《くみ》の黒板《こくばん》に整理《せいり》された
ふせんと囲《かこ》み
読書週間《どくしょしゅうかん》に関《かか》わること
読書週間《どくしょしゅうかん》のことを知《し》らない人《ひと》がいる。
1年生《ねんせい》に本《ほん》の読《よ》み聞《き》かせをしてあげたい。
みんなでおすすめの本《ほん》をしょうかいし合《あ》いたい。
読書週間《どくしょしゅうかん》にみんながもっと本《ほん》を読《よ》めるようにしたい。
読書週間《どくしょしゅうかん》でも本《ほん》を読《よ》んでいない人《ひと》がいる。
3
つながりのあるふせんをまとめて囲《かこ》み，まとまりに名前《なまえ》をつける。
安全《あんぜん》に関《かか》わること
ろうかを走《はし》っている人《ひと》がいる。
校内《こうない》でのけがをへらしたい。
あいさつに関《かか》わること
他《ほか》のクラスの人《ひと》にちゃんとあいさつできていない。
秋《あき》にもあいさつ運動《うんどう》
たい。
ちいきの人《ひと》にしっかりあいさつできるようにしたい。
階段《かいだん》やろうかによごれがたまっている。

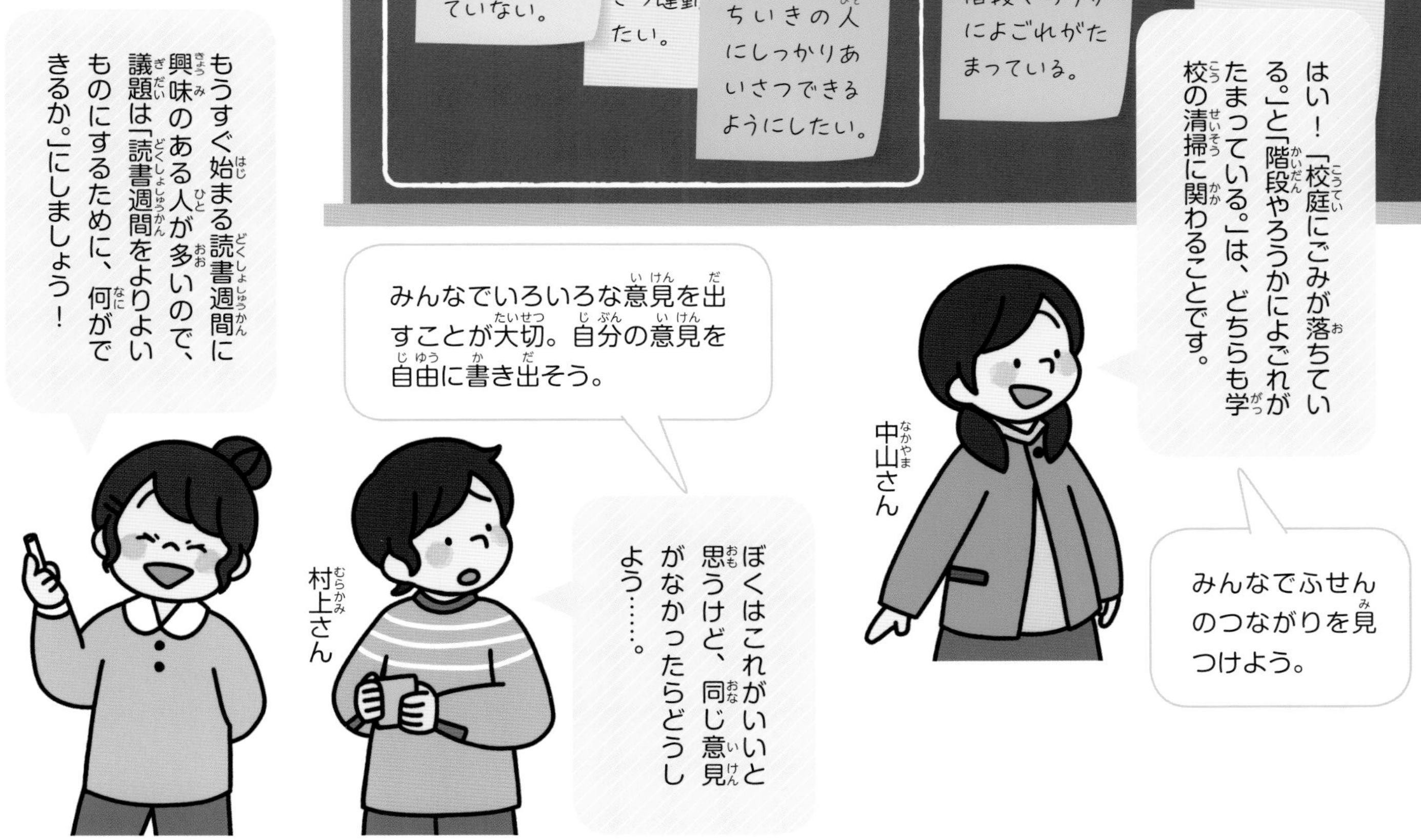

はい！「校庭《こうてい》にごみが落《お》ちている。」と「階段《かいだん》やろうかによごれがたまっている。」は、どちらも学《がっ》校《こう》の清掃《せいそう》に関《かか》わることです。
中山《なかやま》さん
みんなでふせんのつながりを見《み》つけよう。
ぼくはこれがいいと思《おも》うけど、同《おな》じ意見《いけん》がなかったらどうしよう……。
村上《むらかみ》さん
みんなでいろいろな意見《いけん》を出《だ》すことが大切《たいせつ》。自分《じぶん》の意見《いけん》を自由《じゆう》に書《か》き出《だ》そう。
もうすぐ始《はじ》まる読書週間《どくしょしゅうかん》に興味《きょうみ》のある人《ひと》が多《おお》いので、議題《ぎだい》は「読書週間《どくしょしゅうかん》をよりよいものにするために、何《なに》ができるか。」にしましょう！

2 自分《じぶん》の立場《たちば》を明確《めいかく》にしよう。

グループで話《はな》し合《あ》う前《まえ》に、議題《ぎだい》に対《たい》して自分《じぶん》がどのような考《かんが》えをもっているか明《あき》らかにしましょう。議題《ぎだい》に関《かか》わる現状《げんじょう》や問題点《もんだいてん》を挙《あ》げ、**フィッシュボーン**を使《つか》ってその原因《げんいん》を分析《ぶんせき》します。そこから解決方法《かいけつほうほう》や理由《りゆう》を考《かんが》えていきましょう。

フィッシュボーン

分《わ》ける　アイデア　見通《みとお》す

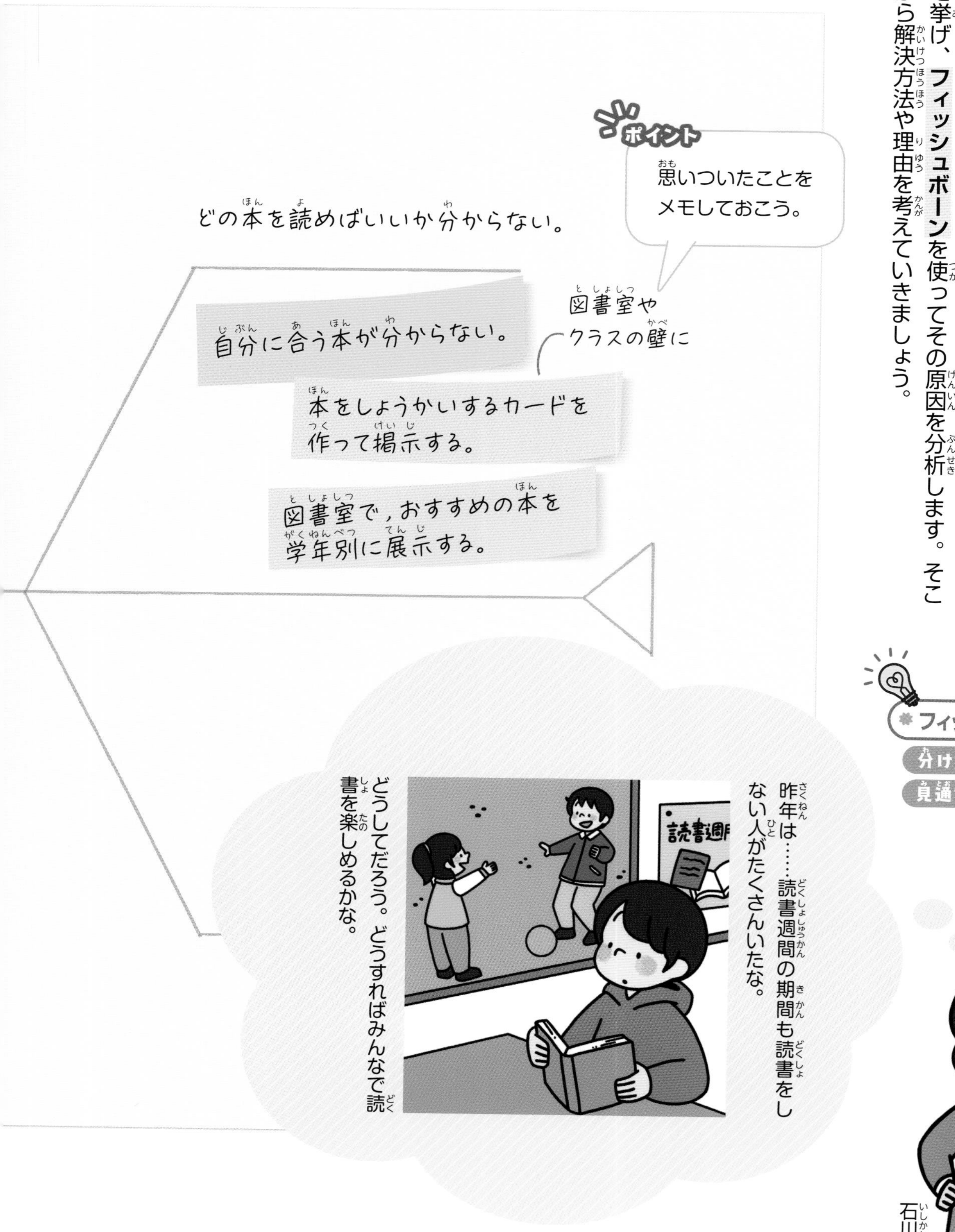
ポイント
思《おも》いついたことをメモしておこう。
どの本《ほん》を読《よ》めばいいか分《わ》からない。
自分《じぶん》に合《あ》う本《ほん》が分《わ》からない。
本《ほん》をしょうかいするカードを作《つく》って掲示《けいじ》する。
図書室《としょしつ》やクラスの壁《かべ》に
図書室《としょしつ》で，おすすめの本《ほん》を学年別《がくねんべつ》に展示《てんじ》する。
昨年《さくねん》は……読書週間《どくしょしゅうかん》の期間《きかん》も読書《どくしょ》をしない人《ひと》がたくさんいたな。
どうしてだろう。どうすればみんなで読《どく》書《しょ》を楽《たの》しめるかな。

石川《いしかわ》さん

石川《いしかわ》さんが書《か》きこんだ
フィッシュボーンのプリント

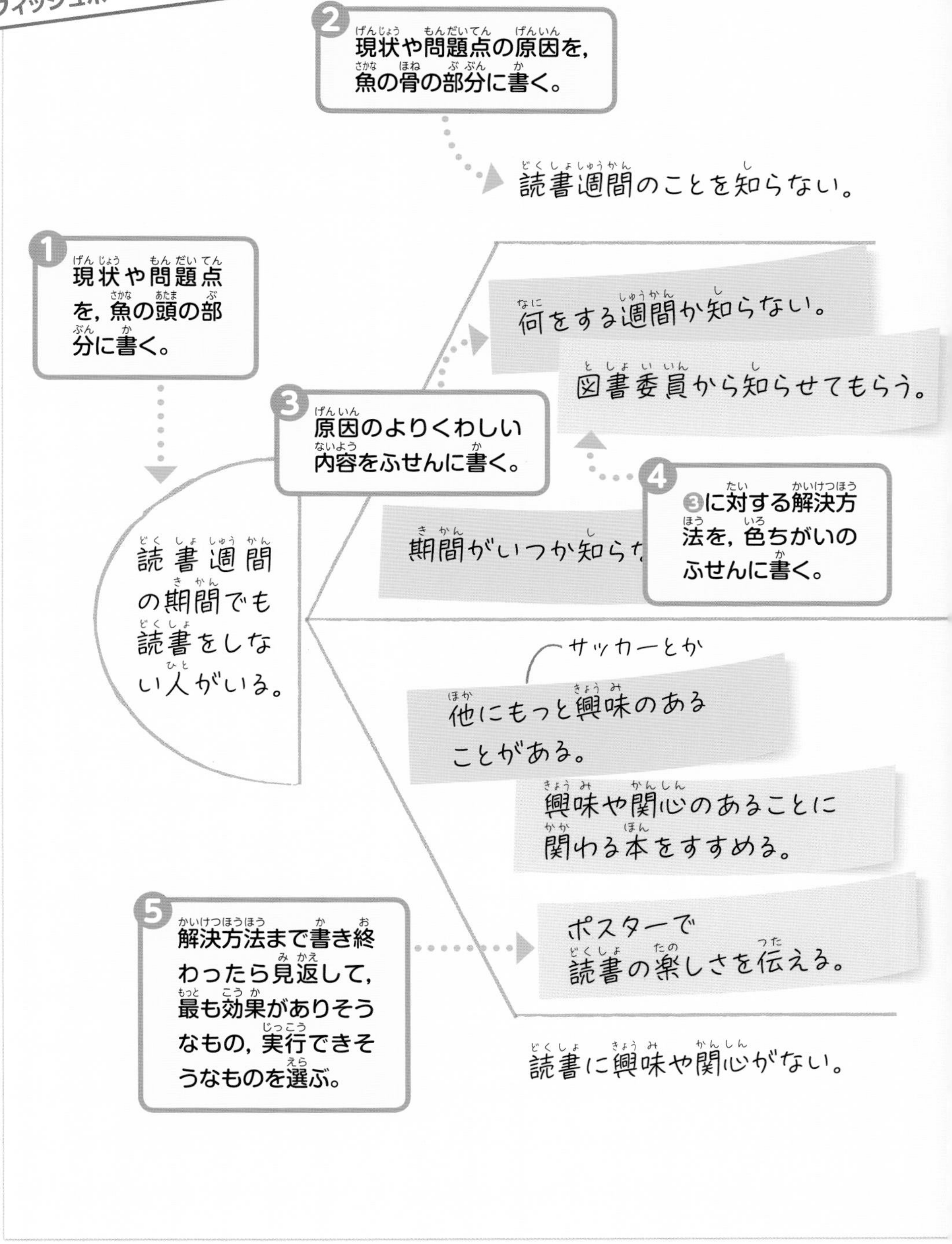

❷ 現状《げんじょう》や問題点《もんだいてん》の原因《げんいん》を，魚《さかな》の骨《ほね》の部分《ぶぶん》に書《か》く。
読書週間《どくしょしゅうかん》のことを知《し》らない。
❶ 現状《げんじょう》や問題点《もんだいてん》を，魚《さかな》の頭《あたま》の部分《ぶぶん》に書《か》く。
何《なに》をする週間《しゅうかん》か知《し》らない。
図書委員《としょいいん》から知《し》らせてもらう。
❸ 原因《げんいん》のよりくわしい内容《ないよう》をふせんに書《か》く。
❹ ❸に対《たい》する解決方法《かいけつほうほう》を，色《いろ》ちがいのふせんに書《か》く。
期間《きかん》がいつか知《し》らな
読書週間《どくしょしゅうかん》の期間《きかん》でも読書《どくしょ》をしない人《ひと》がいる。
サッカーとか
他《ほか》にもっと興味《きょうみ》のあることがある。
興味《きょうみ》や関心《かんしん》のあることに関《かか》わる本《ほん》をすすめる。
❺ 解決方法《かいけつほうほう》まで書《か》き終《お》わったら見返《みかえ》して，最《もっと》も効果《こうか》がありそうなもの，実行《じっこう》できそうなものを選《えら》ぶ。
ポスターで読書《どくしょ》の楽《たの》しさを伝《つた》える。
読書《どくしょ》に興味《きょうみ》や関心《かんしん》がない。

※ここでは，B《ビー》4サイズのプリントにフィッシュボーンを書《か》きこみました。

読書《どくしょ》に興味《きょうみ》や関心《かんしん》がない人《ひと》たちには、ポスターでよびかけてはどうだろう。ポスターなら一度《いちど》にたくさんの人《ひと》に伝《つた》えることができる。よし、ぼくは「ポスターで読書《どくしょ》の楽《たの》しさを伝《つた》える。」を解決方法《かいけつほうほう》として提案《ていあん》しよう。

3 話《はな》し合《あ》いのしかたを確《たし》かめ、進行計画《しんこうけいかく》を立《た》てよう。

グループで話《はな》し合《あ》うために、司会《しかい》や記録係《きろくがかり》などの役割《やくわり》を決《き》め、進行計画《しんこうけいかく》を立《た》てましょう。

班《はん》の考《かんが》えをまとめるためには、まず、おたがいの考《かんが》えを知《し》る必要《ひつよう》があるね。

そうだね。じゃあ、初《はじ》めに一人《ひとり》ずつ意見《いけん》を出《だ》した後《あと》、質問《しつもん》をし合《あ》って、考《かんが》えを広《ひろ》げる話《はな》し合《あ》いをしよう。

4 計画《けいかく》にそって、グループで話《はな》し合《あ》おう。

【1】考《かんが》えを広《ひろ》げる話《はな》し合《あ》い。

グループ全員《ぜんいん》の立場《たちば》を明確《めいかく》にして、考《かんが》えを広《ひろ》げる話《はな》し合《あ》いをします。それぞれが考《かんが》えた「現状《げんじょう》や問題点《もんだいてん》」、「解決方法《かいけつほうほう》」、「理由《りゆう》」を**マトリックス**で整理《せいり》しましょう。

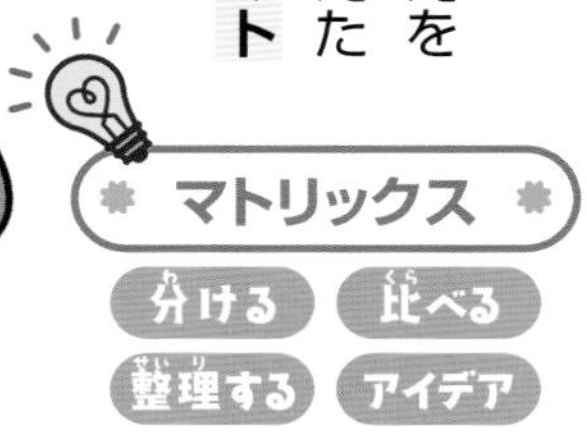

今《いま》は、読書週間《どくしょしゅうかん》にも読書《どくしょ》をしない人《ひと》がいます。そこで、ぼくは、ポスターで読書《どくしょ》の楽《たの》しさを伝《つた》えるのはどうかと考《かんが》えました。理由《りゆう》は、一度《いちど》にたくさんの人《ひと》に伝《つた》えられるからです。また、……

事実《じじつ》と考《かんが》えを分《わ》けて話《はな》そう。

2班《はん》　進行計画《しんこうけいかく》

ポイント　役割《やくわり》を書《か》く。

司会《しかい》：中山《なかやま》みな　記録係《きろくがかり》：村上《むらかみ》はづき

考《かんが》えを広《ひろ》げる

①一人《ひとり》ずつ意見《いけん》を言《い》い、書《か》き出《だ》したふせんを提出《ていしゅつ》する。‥五分《ごふん》

②たがいの考《かんが》えについて質問《しつもん》し合《あ》う。‥十分《じっぷん》

時間配分《じかんはいぶん》を書《か》く。

考《かんが》えをまとめる

③たがいの考《かんが》えを比《くら》べて、共通点《きょうつうてん》やことなる点《てん》を話《はな》し合《あ》う。‥五分《ごふん》

④問題《もんだい》を解決《かいけつ》するために必要《ひつよう》な条件《じょうけん》を考《かんが》え、その条件《じょうけん》に合《あ》う解決方法《かいけつほうほう》を話《はな》し合《あ》う。‥十分《じっぷん》

	石川《いしかわ》さんの意見《いけん》
現状《げんじょう》や問題点《もんだいてん》	読書週間《どくしょしゅうかん》の期間《きかん》でも読書《どくしょ》をしない人《ひと》がいる。
解決方法《かいけつほうほう》	ポスターで読書《どくしょ》の楽《たの》しさを伝《つた》える。
理由《りゆう》	一度《いちど》にたくさんの人《ひと》に伝《つた》えることができる。 毎日見《まいにちみ》ることで意識《いしき》するようになるから。

意見《いけん》を発表《はっぴょう》して，考《かんが》えたふせんをマトリックスにはる。

石川《いしかわ》さんの提案《ていあん》するポスターは、具体的《ぐたいてき》にだれが作《つく》るのですか。図書委員《としょいいん》の人《ひと》ですか、クラスで作《つく》りたい人《ひと》が作《つく》るのですか。

中山《なかやま》さんが考《かんが》える現状《げんじょう》や問題点《もんだいてん》は、つまり、今《いま》までの読書週間《どくしょしゅうかん》のやり方《かた》では、読書《どくしょ》をする習慣《しゅうかん》がちゃんと身《み》につかないということですか。

村上《むらかみ》さんが提案《ていあん》した図書委員会《としょいいんかい》からのよびかけは、毎年《まいとし》していると思《おも》います。昨年《さくねん》まではよびかけの方法《ほうほう》を変《か》えるということですか。それは具体的《ぐたいてき》に、どんなことですか。

自分《じぶん》が考《かんが》えたことを示《しめ》した上《うえ》で質問《しつもん》しよう。

「つまり〜」という表現《ひょうげん》で相手《あいて》の考《かんが》えを確《たし》かめよう。

「具体的《ぐたいてき》に〜」という表現《ひょうげん》でくわしい説明《せつめい》や考《かんが》えを聞《き》こう。

2班《はん》が書《か》いた
マトリックス

花田《はなだ》さんの意見《いけん》	村上《むらかみ》さんの意見《いけん》	中山《なかやま》さんの意見《いけん》
読書週間《どくしょしゅうかん》を楽《たの》しめていない人《ひと》がいる。	読書週間《どくしょしゅうかん》にかかわらず，本《ほん》に接《せっ》する機会《きかい》がない人《ひと》がいる。	読書週間《どくしょしゅうかん》が終《お》わると読書《どくしょ》をしなくなる人《ひと》が多《おお》い。
クラスでおすすめの本《ほん》をしょうかいし合《あ》う発表会《はっぴょうかい》を開《ひら》く。	図書委員《としょいいん》からよびかけて，本《ほん》を読《よ》むようみんなで声《こえ》をかけ合《あ》う。	各《かく》クラスで課題図書《かだいとしょ》を決《き》めて読《よ》む。（3冊《さつ》）
身近《みぢか》な人《ひと》からすすめられると読《よ》んでみたくなるから。 クラスみんなで行《おこな》うことで，楽《たの》しいと思《おも》う人《ひと》が増《ふ》えるから。	全校生徒《ぜんこうせいと》によびかけることができるから。	みんなで必《かなら》ず本《ほん》を読《よ》むようにすることで，読書《どくしょ》の習慣《しゅうかん》がつくから。

はったふせんを見《み》くらべて，質問《しつもん》を考《かんが》えよう。

理由《りゆう》はいくつか挙《あ》げてもいい。

【2】考《かんが》えをまとめる話《はな》し合《あ》い。

座標軸《ざひょうじく》を使《つか》って意見《いけん》を比《くら》べたり、評価《ひょうか》したりして、グループの考《かんが》えをまとめましょう。

座標軸《ざひょうじく》

比《くら》べる　評価《ひょうか》する

石川《いしかわ》さんと村上《むらかみ》さんの意見《いけん》は、解決方法《かいけつほうほう》はちがうけど、どちらもみんなに読書《どくしょ》をよびかける内容《ないよう》だね。

そうだね。一方《いっぽう》で、花田《はなだ》さんと中山《なかやま》さんは、おすすめの本《ほん》のしょうかいや、課題図書《かだいとしょ》を決《き》めるといった、直接本《ちょくせつほん》と関《かか》わりのある解決方法《かいけつほうほう》を提案《ていあん》しているね。

解決方法《かいけつほうほう》　花田《はなだ》やよい

クラスでおすすめの本《ほん》をしょうかいし合《あ》う発表会《はっぴょうかい》を開《ひら》く。

理由《りゆう》

身近《みぢか》な人《ひと》からすすめられると読《よ》んでみたくなるから。

クラスみんなで行《おこな》うことで、楽《たの》しいと思《おも》う人《ひと》が増《ふ》えるから。

解決方法《かいけつほうほう》　石川《いしかわ》あつし

ポスターで読書《どくしょ》の楽《たの》しさを伝《つた》える。

理由《りゆう》

一度《いちど》にたくさんの人《ひと》に伝《つた》えることができる。

毎日見《まいにちみ》ることで意識《いしき》するようになるから。

→ **クラスで取《と》り組《く》むこと**

2班《はん》が書《か》いた
座標軸《ざひょうじく》

効果《こうか》が高《たか》い

1 たて軸《じく》とよこ軸《じく》にそれぞれ条件《じょうけん》を設定《せってい》する。

グループの考《かんが》えをまとめよう。

確《たし》かにそうだね。じゃあ、花田《はなだ》さんが提案《ていあん》してくれた「おすすめの本《ほん》をしょうかいする」のを、クラスで発表《はっぴょう》するのではなく、ふせんに書《か》いて、図書室《としょしつ》の壁《かべ》に掲示《けいじ》する形《かたち》でやるのはどうだろう。

2 「解決方法《かいけつほうほう》」と「理由《りゆう》」が分《わ》かるように，大《おお》きめのふせんにはりつける。

全校《ぜんこう》で取《と》り組《く》むこと

解決方法《かいけつほうほう》　中山《なかやま》みな

各《かく》クラスで課題図書《かだいとしょ》を決《き》めて読《よ》む。（3冊《さつ》）

理由《りゆう》

みんなで必《かなら》ず本《ほん》を読《よ》むようにすることで，読書《どくしょ》の習慣《しゅうかん》がつくから。

解決方法《かいけつほうほう》　村上《むらかみ》はづき

図書委員《としょいいん》からよびかけて，本《ほん》を読《よ》むようみんなで声《こえ》をかけ合《あ》う。

理由《りゆう》

全校生徒《ぜんこうせいと》によびかけることができるから。

3 どれくらい条件《じょうけん》にあてはまるかを考《かんが》えて，ふせんをはる位置《いち》を決《き》める。

考《かんが》えをまとめるときの条件《じょうけん》を決《き》めよう。

読書週間《どくしょしゅうかん》は全校《ぜんこう》に関《かか》わることだから、クラスだけでなく、全校《ぜんこう》にはたらきかけられるような解決方法《かいけつほうほう》を提案《ていあん》したいね。そのためには、図書委員会《としょいいんかい》との協力《きょうりょく》が必要《ひつよう》じゃないかな。

条件《じょうけん》は，解決方法《かいけつほうほう》のどんなところが重要《じゅうよう》か考《かんが》えて決《き》めよう。

効果《こうか》が低《ひく》い

5 話《はな》し合《あ》ったことをクラスで共有《きょうゆう》し、感想《かんそう》を伝《つた》え合《あ》おう。

【1】グループで話《はな》し合《あ》った結果《けっか》を報告《ほうこく》し合《あ》う。

グループで話《はな》し合《あ》った結果《けっか》をメモにまとめ、クラスで報告《ほうこく》しましょう。

ポイント

最初《さいしょ》にグループの提案《ていあん》する解決方法《かいけつほうほう》を発表《はっぴょう》しよう。

　2班《はん》からは、おすすめの本《ほん》をしょうかいするふせんを五年一組《ごねんいちくみ》のみんなで作《つく》り、図書館《としょかん》の壁《かべ》に掲示《けいじ》するという解決方法《かいけつほうほう》を提案《ていあん》します。

　ぼくたちの班《はん》が問題《もんだい》だと考《かん》えたのは、読書《どくしょ》週間《しゅうかん》に読書《どくしょ》を楽《たの》しめていない人《ひと》たちがいることです。そこで、ポスターを掲示《けいじ》するなどして、読書《どくしょ》をすすめてはどうかという意見《いけん》が出《で》ました。ですが、それだけでは、何《なに》を読《よ》めばいいかわからない人《ひと》もいると思《おも》います。

　話《はな》し合《あ》いを進《すす》めた結果《けっか》、おすすめの本《ほん》のタイトルと、本《ほん》のかんたんなしょうかい文《ぶん》を書《か》いたふせんを、クラスのみんなで作《つく》ってはどうかという考《かんが》えにまとまりました。図書委員《としょいいん》会《かい》に協力《きょうりょく》してもらい、図書室《としょしつ》の壁《かべ》にはれば、たくさんの人《ひと》に見《み》てもらえると思《おも》います。また、

……

グループで話《はな》し合《あ》ったことをかんたんに伝《つた》えるようにしよう。

【2】感想《かんそう》を伝《つた》え合《あ》う。

話《はな》し合《あ》いの内容《ないよう》や進《すす》め方《かた》、発言《はつげん》のしかたなどについて、よいと思《おも》ったことを伝《つた》え合《あ》いましょう。

たがいの意見《いけん》の共通《きょうつう》点《てん》とちがうところを見《み》つけることで、班《はん》の考《かんが》えをまとめることができました。

石川《いしかわ》さんが、いつもは本《ほん》を読《よ》まない人《ひと》の立場《たちば》になって考《かんが》えていたのが、よいと思《おも》いました。

話《はな》し合《あ》った結《けっ》果《か》をメモしておこう。

現状《げんじょう》と問題点《もんだいてん》

読書週間《どくしょしゅうかん》の期間《きかん》でも読書《どくしょ》をしない人《ひと》がいる。

解決方法《かいけつほうほう》

おすすめの本《ほん》を一言《ひとこと》でしょうかいするふせんをクラスみんなで作《つく》り,
図書館《としょかん》の壁《かべ》に掲示《けいじ》する。
図書委員会《としょいいんかい》にお願《ねが》いする。

理由《りゆう》

・たくさんの人《ひと》に見《み》てもらえる。
・読《よ》みたい本《ほん》が見《み》つかる。

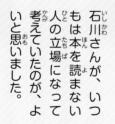

【3】クラス全体《ぜんたい》で話《はな》し合《あ》おう。

必要《ひつよう》があれば、各《かく》グループの意見《いけん》をもとにクラス全体《ぜんたい》で話《はな》し合《あ》います。座標軸《ざひょうじく》を使《つか》って、グループの意見《いけん》を比《くら》べてみましょう。

座標軸《ざひょうじく》

比《くら》べる　評価《ひょうか》する

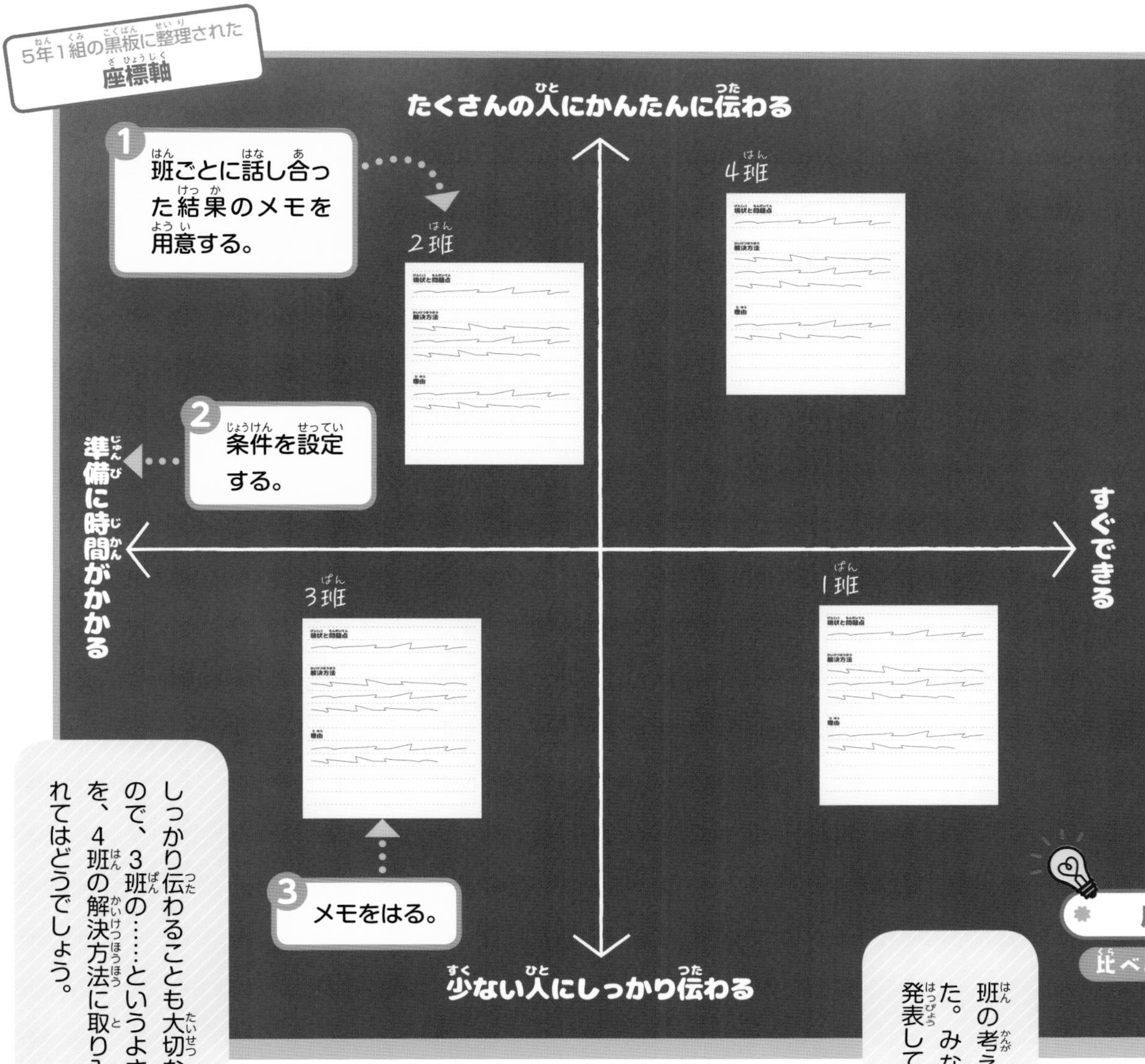
5年《ねん》1組《くみ》の黒板《こくばん》に整理《せいり》された
座標軸《ざひょうじく》
たくさんの人《ひと》にかんたんに伝《つた》わる
少《すく》ない人《ひと》にしっかり伝《つた》わる
準備《じゅんび》に時間《じかん》がかかる
すぐできる
4班《はん》
2班《はん》
3班《ばん》
1班《ぱん》
1 班《はん》ごとに話《はな》し合《あ》った結果《けっか》のメモを用意《ようい》する。
2 条件《じょうけん》を設定《せってい》する。
3 メモをはる。

班《はん》の考《かんが》えを整理《せいり》しました。みなさん、意見《いけん》を発表《はっぴょう》してください。
4 4の手順《てじゅん》にそってクラスでも話《はな》し合《あ》う。
すぐにできて、たくさんの人《ひと》にかんたんに伝《つた》わる4班《はん》の意見《いけん》がいいと思《おも》います。
しっかり伝《つた》わることも大切《たいせつ》なので、3班《ぱん》の……というよさを、4班《はん》の解決方法《かいけつほうほう》に取《と》り入《い》れてはどうでしょう。

ここでも使《つか》える！

フィッシュボーン

分《わ》ける　アイデア　見通《みとお》す

フィッシュボーンは、問題《もんだい》や課題《かだい》の解決方法《かいけつほうほう》を考《かんが》えるときに便利《べんり》な思考《しこう》ツールです。環境問《かんきょうもん》題《だい》のような大《おお》きな問題《もんだい》だけでなく、生活《せいかつ》の中《なか》の小《ちい》さな問題《もんだい》にも使《つか》うことができます。

生活《せいかつ》の中《なか》での課題《かだい》の解決方法《かいけつほうほう》を考《かんが》えよう

毎日《まいにち》の生活《せいかつ》で、改善《かいぜん》したいと思《おも》う習慣《しゅうかん》はありませんか。ここでは**フィッシュボーン**を使《つか》って、朝《あさ》、決《き》まった時間《じかん》に起《お》きられない原因《げんいん》や解決方法《かいけつほうほう》を考《かんが》えてみましょう。

毎朝《まいあさ》ちゃんと起《お》きられなくて、ねぼうしちゃうんだ……。
石川《いしかわ》さん

それはこまったね。まずは、何《なに》が原因《げんいん》か考《かんが》えてみたら？
花田《はなだ》さん

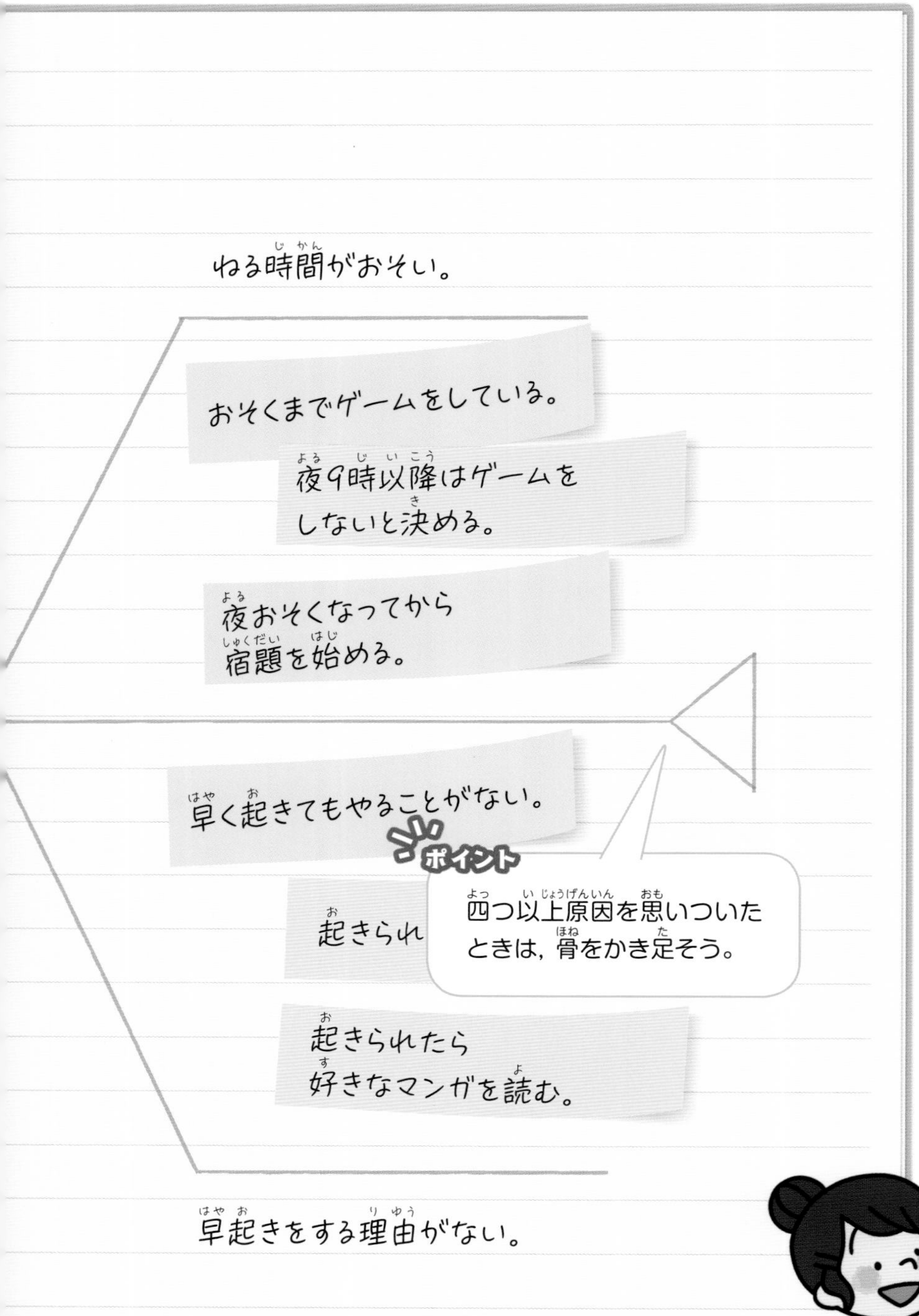
ねる時間《じかん》がおそい。
おそくまでゲームをしている。
夜《よる》9時以降《じいこう》はゲームをしないと決《き》める。
夜《よる》おそくなってから宿題《しゅくだい》を始《はじ》める。
早《はや》く起《お》きてもやることがない。
起《お》きられ
ポイント
四《よっ》つ以上原因《いじょうげんいん》を思《おも》いついたときは，骨《ほね》をかき足《た》そう。
起《お》きられたら好《す》きなマンガを読《よ》む。
早起《はやお》きをする理由《りゆう》がない。

石川《いしかわ》さんがノートに書《か》いた
フィッシュボーン

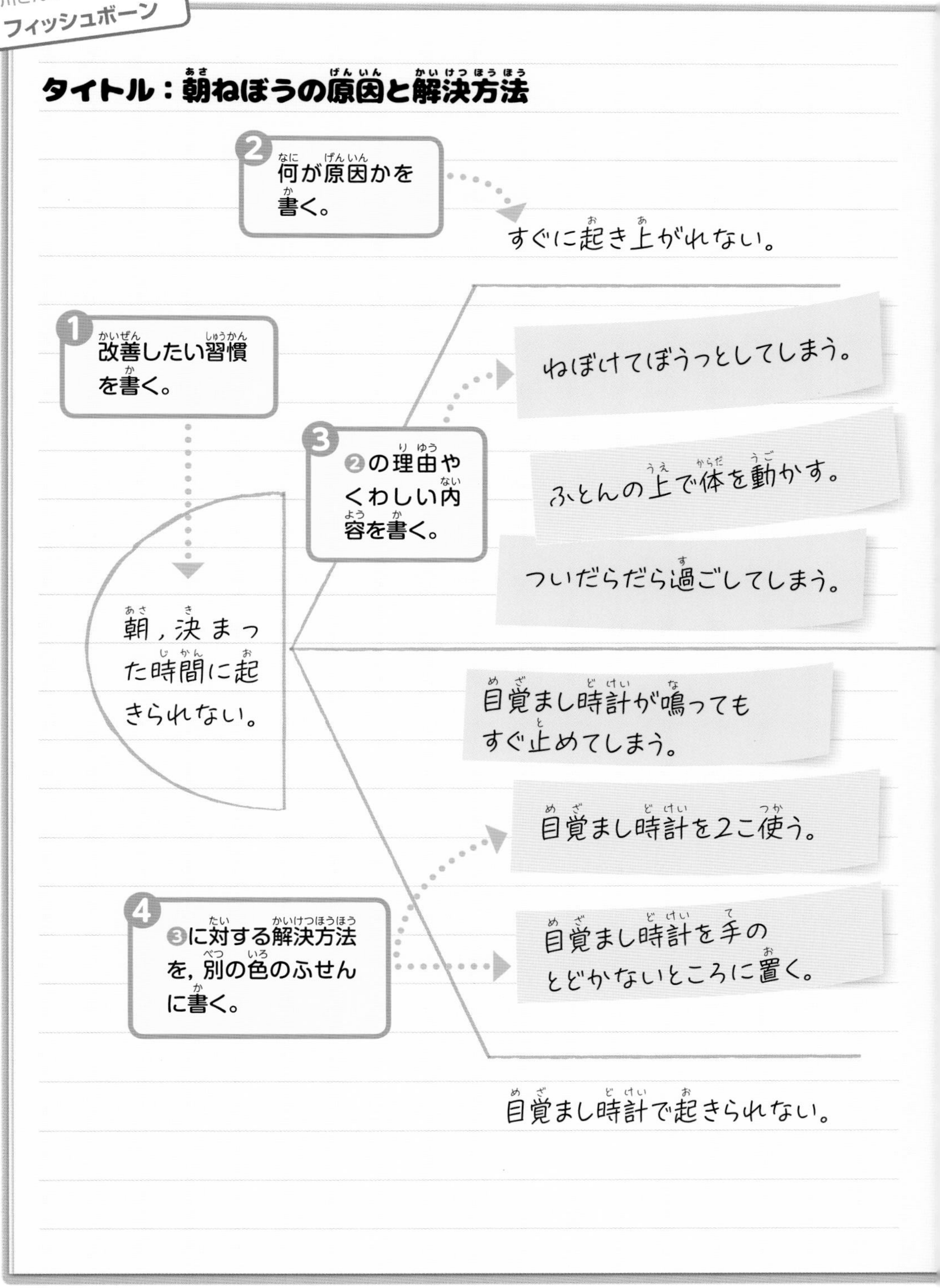
タイトル：朝《あさ》ねぼうの原因《げんいん》と解決方法《かいけつほうほう》
2 何《なに》が原因《げんいん》かを書《か》く。
すぐに起《お》き上《あ》がれない。
1 改善《かいぜん》したい習慣《しゅうかん》を書《か》く。
ねぼけてぼうっとしてしまう。
3 ❷の理由《りゆう》やくわしい内容《ないよう》を書《か》く。
ふとんの上《うえ》で体《からだ》を動《うご》かす。
ついだらだら過《す》ごしてしまう。
朝《あさ》，決《き》まった時間《じかん》に起《お》きられない。
目《め》覚《ざ》まし時計《どけい》が鳴《な》ってもすぐ止《と》めてしまう。
目《め》覚《ざ》まし時計《どけい》を2こ使《つか》う。
4 ❸に対《たい》する解決方法《かいけつほうほう》を，別《べつ》の色《いろ》のふせんに書《か》く。
目《め》覚《ざ》まし時計《どけい》を手《て》のとどかないところに置《お》く。
目《め》覚《ざ》まし時計《どけい》で起《お》きられない。

朝《あさ》、決《き》まった時間《じかん》に起《お》きられない原因《げんいん》が、いくつもあったことに気《き》がついたよ。目《め》覚《ざ》まし時計《どけい》をもう一《ひと》つ使《つか》って、時間差《じかんさ》で鳴《な》るようにしよう。それと、夜九時以降《よるくじいこう》はゲームをしないようにする。これで明日《あした》の朝《あさ》はばっちりだ！

座標軸《ざひょうじく》

比《くら》べる
評価《ひょうか》する

座標軸《ざひょうじく》は、二《ふた》つの立場《たちば》の意見《いけん》を整理《せいり》するときにも使《つか》うことができます。
ここでは、話《はな》し合《あ》いで使《つか》う例《れい》をしょうかいします。

どちらを選《えら》びますか*

校長先生《こうちょうせんせい》が犬《いぬ》とねこ、どちらを飼《か》うか迷《まよ》っています。犬《いぬ》チームとねこチームに分《わ》かれて、それぞれをおすすめする理由《りゆう》を発表《はっぴょう》し、質疑応答《しつぎおうとう》をしましょう。校長《こうちょう》先生役《せんせいやく》の人《ひと》は、**座標軸《ざひょうじく》**を使《つか》って出《だ》された意見《いけん》を整理《せいり》し、どちらのチームにより説得力《せっとくりょく》があったか判定《はんてい》しましょう。

犬《いぬ》には飼《か》い主《ぬし》のいうことをよくきくというよさがあります。
犬《いぬ》チーム
ねこは、目《め》がくりくりしていて、毛《け》なみがよくて、かわいい見《み》た目《め》をしています。
ねこチーム
見《み》た目《め》がかわいいのもいいけど、飼《か》い主《ぬし》のいうことをよくきいてくれるほうが重《じゅう》要《よう》かな……。
校長先生役《こうちょうせんせいやく》

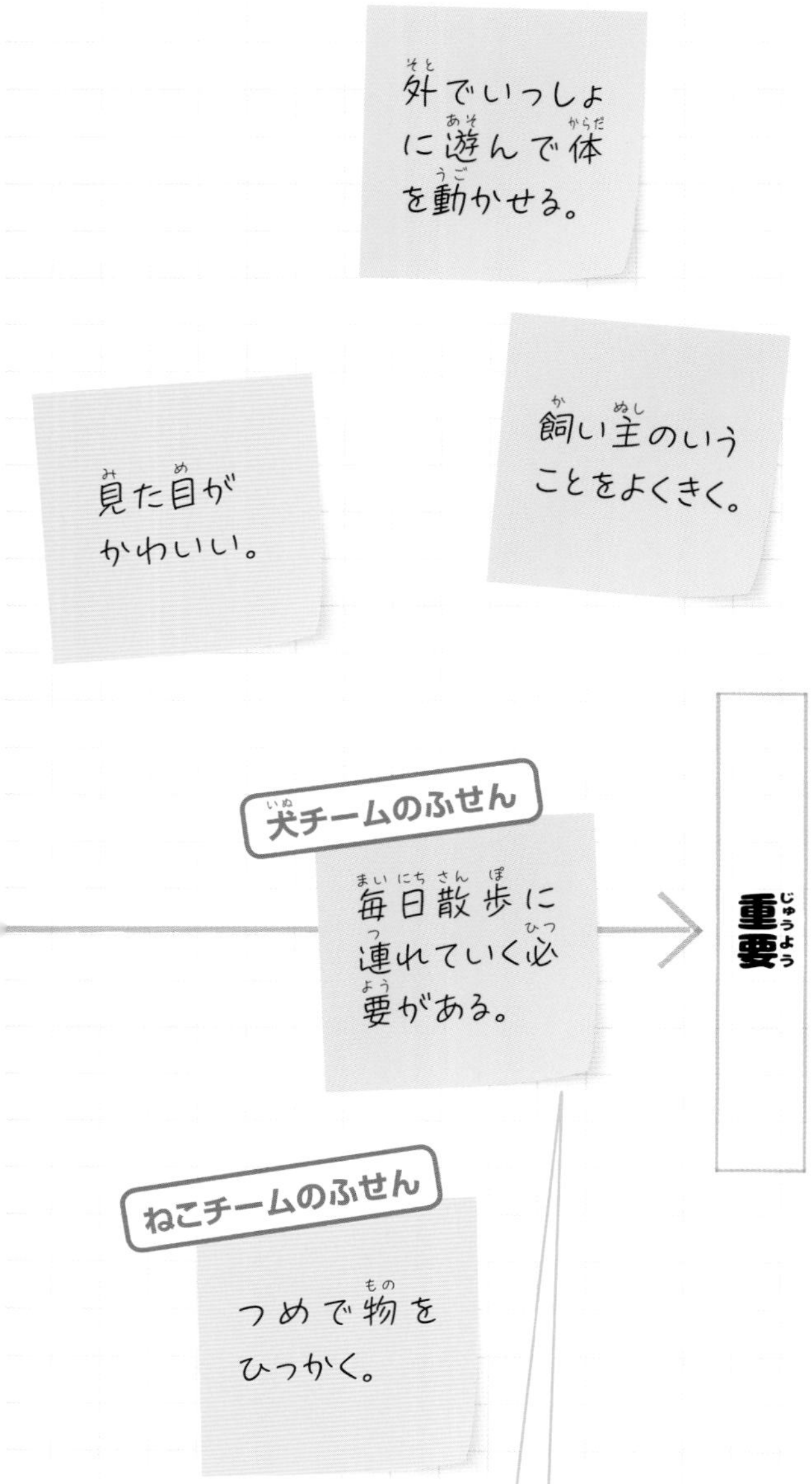
外《そと》でいっしょに遊《あそ》んで体《からだ》を動《うご》かせる。
飼《か》い主《ぬし》のいうことをよくきく。
見《み》た目《め》がかわいい。
犬《いぬ》チームのふせん
毎日散歩《まいにちさんぽ》に連《つ》れていく必要《ひつよう》がある。
重要《じゅうよう》
ねこチームのふせん
つめで物《もの》をひっかく。

ポイント

犬《いぬ》チームとねこチームでふせんの色《いろ》を変《か》える。
犬《いぬ》チーム：青《あお》
ねこチーム：ピンク

*光村図書《みつむらとしょ》の国語教科書《こくごきょうかしょ》の教材名《きょうざいめい》に対応《たいおう》しています。

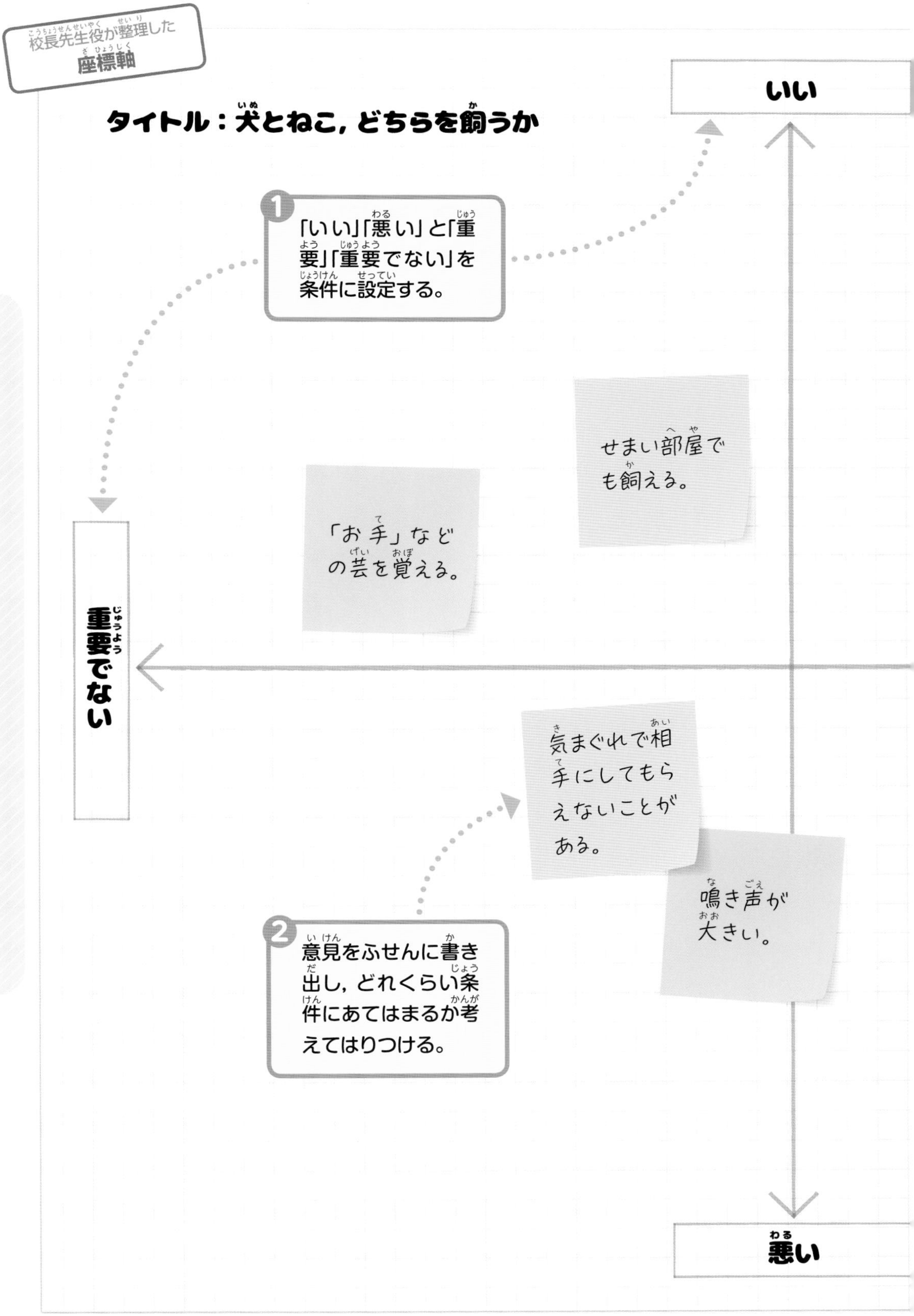

校長先生役《こうちょうせんせいやく》が整理《せいり》した
座標軸《ざひょうじく》
タイトル：犬《いぬ》とねこ，どちらを飼《か》うか
いい
1
「いい」「悪《わる》い」と「重《じゅう》要《よう》」「重要《じゅうよう》でない」を条件《じょうけん》に設定《せってい》する。
重要《じゅうよう》でない
せまい部屋《へや》でも飼《か》える。
「お手《て》」などの芸《げい》を覚《おぼ》える。
気《き》まぐれで相《あい》手《て》にしてもらえないことがある。
鳴《な》き声《ごえ》が大《おお》きい。
2
意見《いけん》をふせんに書《か》き出《だ》し，どれくらい条《じょう》件《けん》にあてはまるか考《かんが》えてはりつける。
悪《わる》い

わたしは、犬《いぬ》を飼《か》うことにしました。ねこチームからは、ねこのかわいさや飼《か》いやすさを挙《あ》げてもらいましたが、犬《いぬ》チームの「外《そと》で犬《いぬ》といっしょに遊《あそ》んで体《からだ》を動《うご》かすのは、健康《けんこう》にとってもいいことだ。」という意見《いけん》に、より説得力《せっとくりょく》がありました。わたしは、平日《へいじつ》はいそがしいので、なかなか運動《うんどう》の時間《じかん》をとれません。週末《しゅうまつ》、犬《いぬ》といっしょに楽《たの》しく体《からだ》を動《うご》かせることは、とてもいいことだと思《おも》いました。また、……

話《はな》し合《あ》いの司会《しかい》になったら

司会《しかい》は、グループみんなの意見《いけん》や考《かんが》えを引《ひ》き出《だ》して、よりよい結論《けつろん》にいたるよう、話《はな》し合《あ》いをみちびいていく役割《やくわり》があります。ここでは司会《しかい》として、話《はな》し合《あ》いを上手《じょうず》に進《すす》めるためのコツをしょうかいします。

❶最初《さいしょ》に議題《ぎだい》と目的《もくてき》をかくにんしよう。

話《はな》し合《あ》いが議題《ぎだい》からそれないように、最初《さいしょ》に議題《ぎだい》と、話《はな》し合《あ》いの目的《もくてき》をかくにんしましょう。また、みんなで立《た》てた進行計画《しんこうけいかく》をもとに、話《はな》し合《あ》う順番《じゅんばん》や、割《わ》り当《あ》てる時間《じかん》を確《たし》かめましょう。

例《れい》

今日《きょう》は「読書週間《どくしょしゅうかん》をよりよいものにするために何《なに》ができるか。」について、話《はな》し合《あ》います。充実《じゅうじつ》した読書週間《どくしょしゅうかん》にするための具体的《ぐたいてき》な方法《ほうほう》をみんなで考《かんが》え、提案《ていあん》することが目的《もくてき》です。まずは、それぞれで考《かんが》えた現状《げんじょう》と問題点《もんだいてん》、解決方法《かいけつほうほう》をかんたんに説明《せつめい》してください。これは、進行計画《しんこうけいかく》では五分《ごふん》ほどかけることになっています。その後《あと》、……

花田《はなだ》さん

❷みんなが気持《きも》ちよく発言《はつげん》できるように気《き》を配《くば》ろう。

ずっと話《はな》し続《つづ》ける人《ひと》や、まったく発言《はつげん》しない人《ひと》がいないように気《き》をつけ、グループのみんなが話《はな》し合《あ》いに参加《さんか》できるようにしましょう。また、他《ほか》の人《ひと》の発言《はつげん》をとちゅうでさえぎったり、からかったりしてはいけません。気《き》になる発言《はつげん》があれば、司会《しかい》が注意《ちゅうい》するようにしましょう。

例《れい》

中山《なかやま》さんは、おもしろい意《い》見《けん》をたくさん出《だ》してくれました。次《つぎ》は村上《むらかみ》さんの意見《いけん》を聞《き》こうと思《おも》います。

❸みんなが納得《なっとく》できる結論《けつろん》をまとめよう。

例《たと》えば四人《よにん》のうち、三人《さんにん》が賛成《さんせい》、一人《ひとり》が反対《はんたい》の意見《いけん》をもっていたら、どうしますか。すぐに多数決《たすうけつ》をとって人数《にんずう》の多《おお》い意見《いけん》に決《き》めてしまっては、少数《しょうすう》意見《いけん》を無視《むし》することになります。みんなが納得《なっとく》できる結論《けつろん》をまとめるためには、さまざまな意見《いけん》を出《だ》し合《あ》い、それらをまとめることが大切《たいせつ》です。司会《しかい》は少数《しょうすう》意見《いけん》も積極的《せっきょくてき》に取《と》り上《あ》げ、話《はな》し合《あ》いをうながしましょう。

例《れい》

石川《いしかわ》さんの意見《いけん》は、みんなとはちがっていますね。みんなが思《おも》いつかなかった意《い》見《けん》なので、どうしてそう考《かんが》えたのか、もっとくわしく教《おし》えてください。

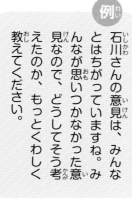

●司会《しかい》として覚《おぼ》えておきたい表現《ひょうげん》

話《はな》し合《あ》いをしていると、話題《わだい》がそれたり、どんな意見《いけん》なのか分《わ》からなくなったり、発言《はつげん》する人《ひと》がかたよったりすることがあります。そんなときは次《つぎ》のような表現《ひょうげん》で注意《ちゅうい》をうながしましょう。

クラスの課題図書《かだいとしょ》を決《き》めることのよさは、みんなで同《おな》じ本《ほん》を読《よ》めることです。でも、ポスターを作《つく》るのもいいと思《おも》います。

ポスターのよさは、目《め》につきやすいことです。そういえば、図工《ずこう》の時《じ》間《かん》に、目立《めだ》つポスターを作《つく》るための工夫《くふう》を習《なら》いました。それは……

………（本当《ほんとう》は反対《はんたい》なのだけれど、みんな賛《さん》成《せい》だから、だまっていようかな……）。

★意見《いけん》をかくにんする

●中山《なかやま》さんの意見《いけん》は、つまり――ということですね。

●今《いま》まで出《で》た意見《いけん》は、――と――という、二《ふた》つに分《わ》かれていますね。

★話《はな》し合《あ》いを進《すす》める

●話《はなし》が少《すこ》しそれてきてしまいました。今《いま》、話《はな》し合《あ》っているのは――について。なので、――について意見《いけん》を発表《はっぴょう》するようにしてください。

●これで、――については決《き》まりました。これから、――について話《はな》し合《あ》っていきましょう。

●――について、みなさんたくさんの意見《いけん》があると思《おも》いますが、残《のこ》り時間《じかん》が五分《ごふん》になりました。――についても、みなさんの意見《いけん》を発表《はっぴょう》してください。

★意見《いけん》をうながす

●一人三《ひとりみっ》つずつ、アイデアを出《だ》してください。

●村上《むらかみ》さんは、どう思《おも》いますか。

●村上《むらかみ》さんは、中山《なかやま》さんの意見《いけん》に賛成《さんせい》ですか、反対《はんたい》ですか。

3 読《よ》み手《て》が納得《なっとく》する意見文《いけんぶん》を書《か》こう

―あなたは、どう考《かんが》える―

KWL《ケーダブリューエル》
枝分《えだわ》かれ図《ず》
Y《ワイ》チャート

1 題材《だいざい》を決《き》め、自分《じぶん》の考《かんが》えをもとう。

【1】題材《だいざい》を決《き》める。

身近《みぢか》な出来事《できごと》やテレビ、新聞《しんぶん》で知《し》ったニュースなどについて、自分《じぶん》の意見《いけん》を伝《つた》えたいと思《おも》ったことはありませんか。自分《じぶん》の経験《けいけん》や関心《かんしん》のあることから、意見文《いけんぶん》を書《か》く題材《だいざい》を決《き》めましょう。

先週《せんしゅう》、電車《でんしゃ》の中《なか》で……
あのつえをついたおばあさん、もう三十《さんじっ》分《ぷん》も立《た》ちっぱなしだ。どうしてだれも席《せき》をゆずらないんだろう。

……ということがあって、なんだか悲《かな》しくなっちゃった。「優先席《ゆうせんせき》じゃないからゆずらなくていい。」と思《おも》う人《ひと》がいるのかな。

優先席《ゆうせんせき》じゃなくても、すべての席《せき》でゆずり合《あ》いをするべきだよね。どうすればいいんだろう。

白川《しらかわ》さん

小松《こまつ》さん

うーん……そもそも、優先席《ゆうせんせき》は本《ほん》当《とう》に必要《ひつよう》なのかな。まずは優先席《ゆうせんせき》について、くわしく調《しら》べてみよう。

【2】題材《だいざい》について調《しら》べる。

題材《だいざい》について、KWL《ケーダブリューエル》を使《つか》って、知《し》っていることと知《し》らないこと、学《まな》んだことを整理《せいり》してみましょう。知《し》らないことについては、本《ほん》やインターネットなどで調《しら》べてメモを取《と》ります。分《わ》かったことはふせんに書《か》き出《だ》して、KWL《ケーダブリューエル》のL《エル》(学《まな》んだこと)のわくにはりましょう。

KWL《ケーダブリューエル》

計画《けいかく》する　見通《みとお》す　整理《せいり》する

白川《しらかわ》さんがノートに書《か》いた KWL《ケーダブリューエル》

タイトル：電車《でんしゃ》やバスの優先席《ゆうせんせき》について

K《ケー》(知《し》っていること)	W《ダブリュー》(知《し》らないこと)	L《エル》(学《まな》んだこと)
お年寄《としよ》りなど，席《せき》を必要《ひつよう》とする人《ひと》のためのもの。	お年寄《としよ》りの他《ほか》に，どんな人《ひと》が席《せき》を必要《ひつよう》としているのか。	体《からだ》に障害《しょうがい》のある人《ひと》や妊娠《にんしん》している人《ひと》など，さまざまな人《ひと》が席《せき》を必要《ひつよう》としている。
席《せき》を必要《ひつよう》とする人《ひと》がいたら，すわっている人《ひと》は席《せき》をゆずる。	優先席《ゆうせんせき》をなくした電車《でんしゃ》やバスはあるのか。	優先席《ゆうせんせき》のある国《くに》とない国《くに》がある。
シートの色《いろ》やステッカーで他《ほか》の席《せき》と区別《くべつ》されている。	外国《がいこく》にも優先席《ゆうせんせき》はあるのか。	

1 題材《だいざい》について知《し》っていることを書《か》く。

2 知《し》っていることをもとに，知《し》らないことや疑問点《ぎもんてん》を書《か》く。

3 知《し》らないことを本《ほん》やインターネットなどで調《しら》べてメモを取《と》る。

4 調《しら》べて学《まな》んだことを書《か》く。

メモの例《れい》

調《しら》べたこと	お年寄《としよ》りの他《ほか》に，どんな人《ひと》が席《せき》を必要《ひつよう》としているのか。
分《わ》かったこと	「優先席《ゆうせんせき》は，高齢者《こうれいしゃ》や体《からだ》の不自由《ふじゆう》な人，内部障害《ないぶしょうがい》のある人《ひと》，乳幼児《にゅうようじ》を連《つ》れている人《ひと》，妊娠《にんしん》している人《ひと》などのために設置《せっち》されている。」(108ページより引用《いんよう》)
出典《しゅってん》	九条有紀《くじょうゆき》「電車《でんしゃ》とバスのバリアフリー」五月書房《さつきしょぼう》(2019年《ねん》)

席《せき》を必要《ひつよう》としているのは、お年寄《としよ》りだけではないんだね。本《ほん》に書《か》いてあることをそのままメモしておこう。

●統計《とうけい》資料《しりょう》を活用《かつよう》しよう。

題材《だいざい》について調《しら》べるときには、統計《とうけい》資料《しりょう》も活用《かつよう》しましょう。自《じ》分《ぶん》の考《かんが》えをはっきりさせるために、グラフや表《ひょう》の具体的《ぐたいてき》な数値《すうち》が役《やく》に立《た》つことがあります。

調査《ちょうさ》の対象《たいしょう》が自分《じぶん》の調《しら》べたい内容《ないよう》に合《あ》っているか確《たし》かめる。

題材《だいざい》と関《かか》わりの深《ふか》い統《とう》計《けい》をさがす。

ポイント

調査《ちょうさ》を行《おこな》った時期《じき》を見《み》て，最近《さいきん》のものかどうか確《たし》かめる。

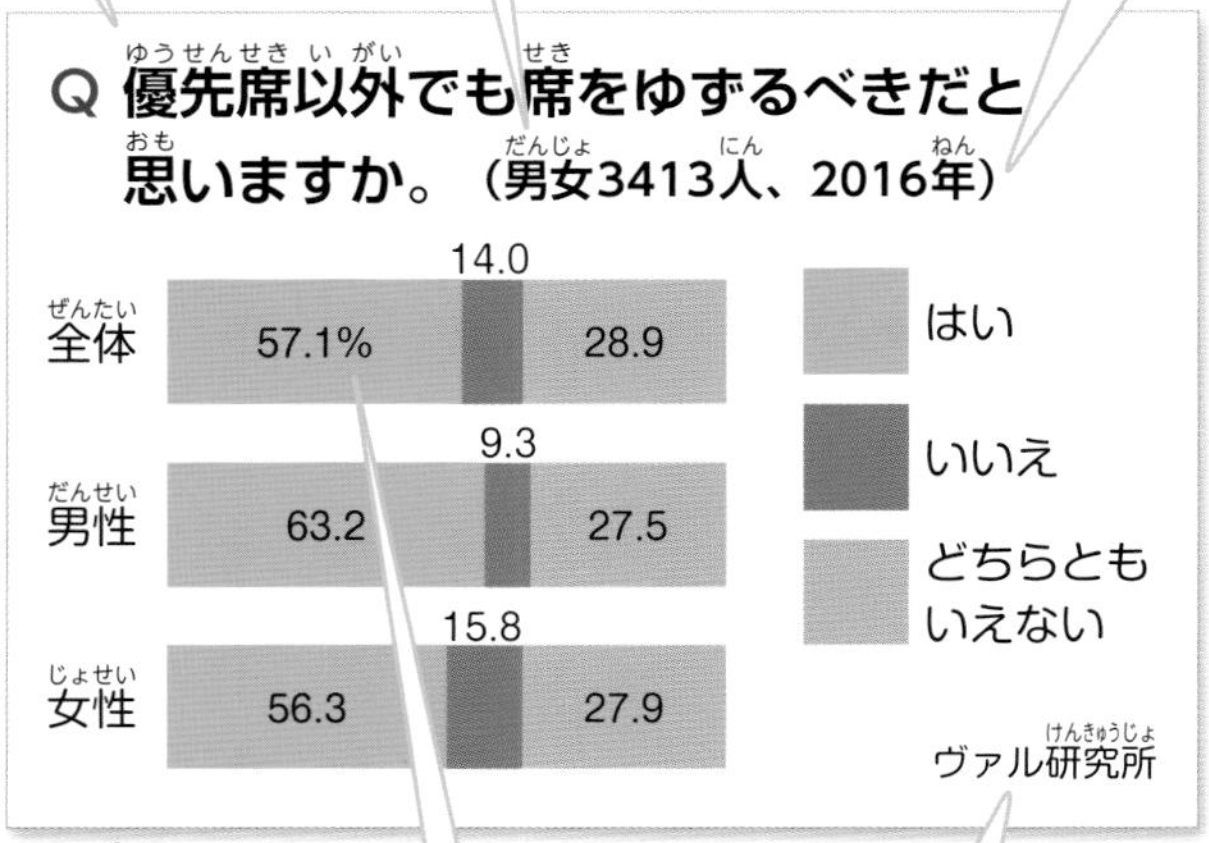

Q 優先席以外《ゆうせんせきいがい》でも席《せき》をゆずるべきだと思《おも》いますか。（男女《だんじょ》3413人《にん》、2016年《ねん》）
全体《ぜんたい》 57.1% 14.0 28.9
男性《だんせい》 63.2 9.3 27.5
女性《じょせい》 56.3 15.8 27.9
はい
いいえ
どちらともいえない
ヴァル研究所《けんきゅうじょ》

単位《たんい》を確《たし》かめる。

調査《ちょうさ》を行《おこな》った機《き》関《かん》や団体《だんたい》がどこか確《たし》かめる。

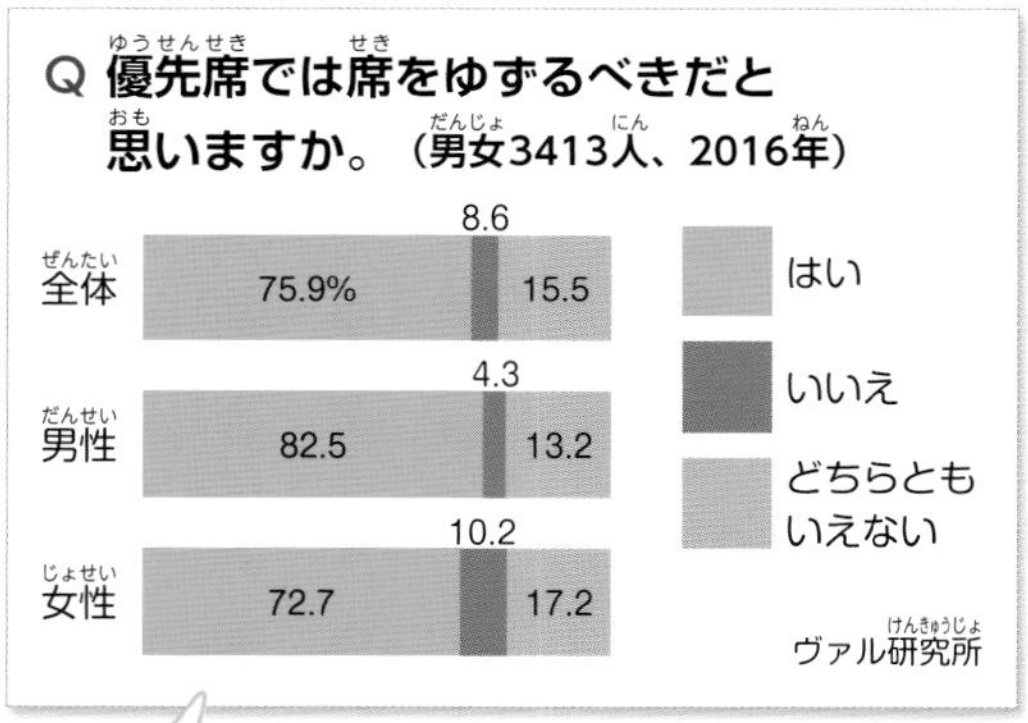

Q 優先席《ゆうせんせき》では席《せき》をゆずるべきだと思《おも》いますか。（男女《だんじょ》3413人《にん》、2016年《ねん》）
全体《ぜんたい》 75.9% 8.6 15.5
男性《だんせい》 82.5 4.3 13.2
女性《じょせい》 72.7 10.2 17.2
はい
いいえ
どちらともいえない
ヴァル研究所《けんきゅうじょ》

調査対象《ちょうさたいしょう》や時期《じき》などの条件《じょうけん》が同《おな》じ，他《ほか》の統《とう》計資料《けいしりょう》とくらべてみよう。変化《へんか》やちがいを見《み》つけることができる。

優先席以外《ゆうせんせきいがい》にすわっている場合《ばあい》は、優先席《ゆうせんせき》にすわっている場合《ばあい》よりゆずろうと考《かんが》える人《ひと》の割合《わりあい》が少《すく》ないんだ。

優先席《ゆうせんせき》があることで、「優先席以外《ゆうせんせきいがい》の席《せき》ではゆずらなくてもいい。」と思《おも》う人《ひと》が出《で》てきてしまうことが分《わ》かった。ぼくは、すべての席《せき》でゆずり合《あ》えるよう、「電車《でんしゃ》やバスの優先席《ゆうせんせき》は必要《ひつよう》ない。」という主張《しゅちょう》で意見文《いけんぶん》を書《か》こう。クラスのみんなに読《よ》んでもらって、優先席《ゆうせんせき》について考《かんが》えてもらうんだ！

【3】自分《じぶん》の主張《しゅちょう》をはっきりさせる。

調《しら》べたことをもとに自分《じぶん》の考《かんが》えをまとめ、主張《しゅちょう》をはっきりさせましょう。

【4】主張《しゅちょう》の理由《りゆう》とその根拠《こんきょ》を考《かんが》える。

調《しら》べたことをもとに自分《じぶん》の主張《しゅちょう》をささえる理由《りゆう》を考《かんが》え、**枝分《えだわ》かれ図《ず》**にまとめましょう。そして、その根拠《こんきょ》となる事実《じじつ》や体験《たいけん》などの具体的《ぐたいてき》な事例《じれい》を挙《あ》げましょう。自分《じぶん》の経験《けいけん》を思《おも》い出《だ》したり、本《ほん》やインターネットで調《しら》べたりして、説得力《せっとくりょく》のある根拠《こんきょ》を考《かんが》えます。

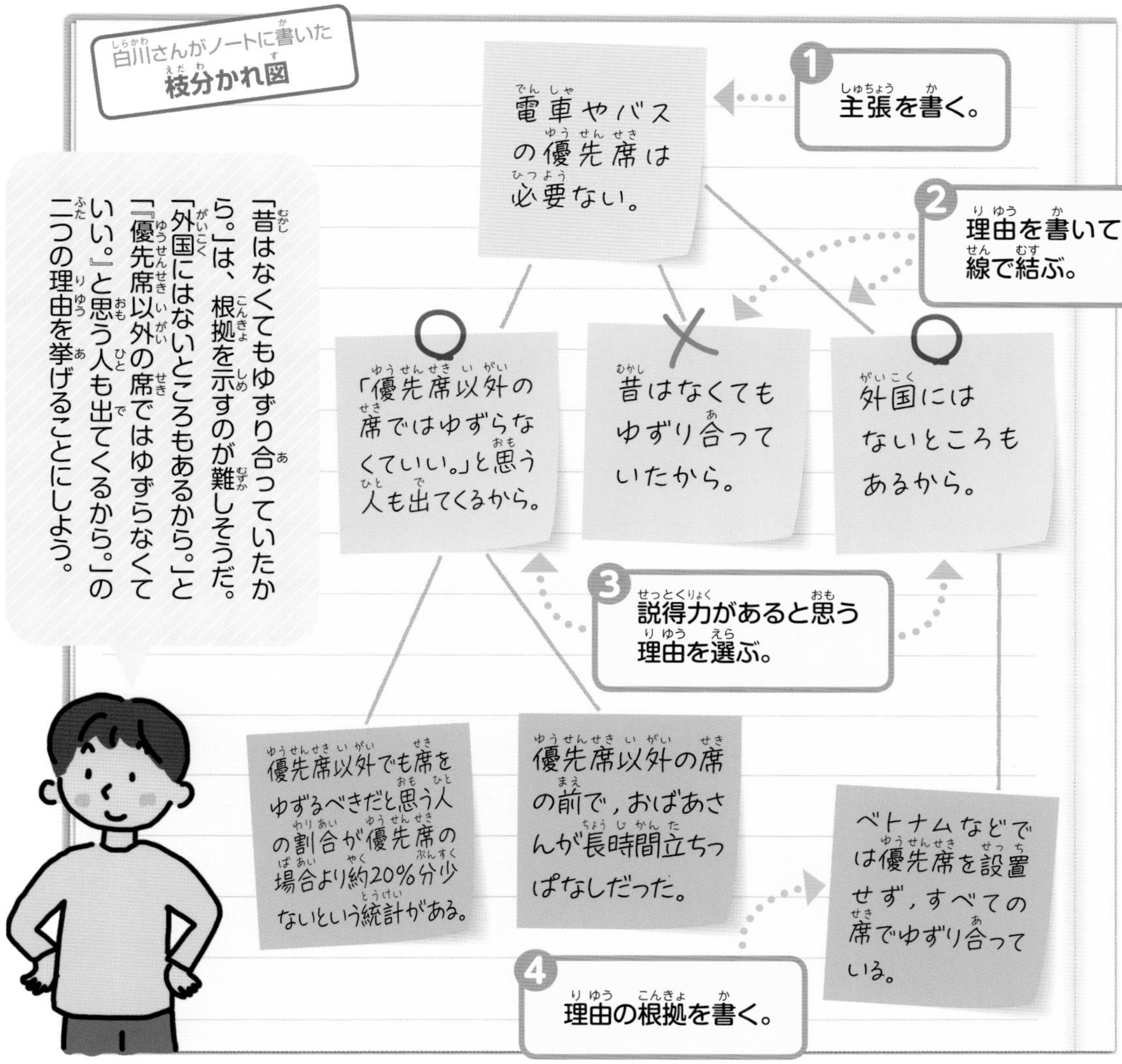

白川《しらかわ》さんがノートに書《か》いた
枝分《えだわ》かれ図《ず》
電車《でんしゃ》やバスの優先席《ゆうせんせき》は必要《ひつよう》ない。
1 主張《しゅちょう》を書《か》く。
2 理由《りゆう》を書《か》いて線《せん》で結《むす》ぶ。
「優先席以外《ゆうせんせきいがい》の席《せき》ではゆずらなくていい。」と思《おも》う人《ひと》も出《で》てくるから。

昔《むかし》はなくてもゆずり合《あ》っていたから。

外国《がいこく》にはないところもあるから。
3 説得力《せっとくりょく》があると思《おも》う理由《りゆう》を選《えら》ぶ。
優先席以外《ゆうせんせきいがい》でも席《せき》をゆずるべきだと思《おも》う人《ひと》の割合《わりあい》が優先席《ゆうせんせき》の場合《ばあい》より約《やく》20%分少《ぶんすく》ないという統計《とうけい》がある。

優先席以外《ゆうせんせきいがい》の席《せき》の前《まえ》で，おばあさんが長時間立《ちょうじかんた》ちっぱなしだった。

ベトナムなどでは優先席《ゆうせんせき》を設置《せっち》せず，すべての席《せき》でゆずり合《あ》っている。
4 理由《りゆう》の根拠《こんきょ》を書《か》く。
「昔《むかし》はなくてもゆずり合《あ》っていたから。」は、根拠《こんきょ》を示《しめ》すのが難《むずか》しそうだ。「外国《がいこく》にはないところもあるから。」と「『優先席以外《ゆうせんせきいがい》の席《せき》ではゆずらなくていい。』と思《おも》う人《ひと》も出《で》てくるから。」の二《ふた》つの理由《りゆう》を挙《あ》げることにしよう。

枝分《えだわ》かれ図《ず》

整理《せいり》する　見通《みとお》す　まとめる

これも使《つか》える!

クラゲチャート　主張《しゅちょう》と理由《りゆう》　まとめる

思《おも》いつく理由《りゆう》をたくさん書《か》き出《だ》したいときは，**クラゲチャート**を使《つか》ってみましょう。

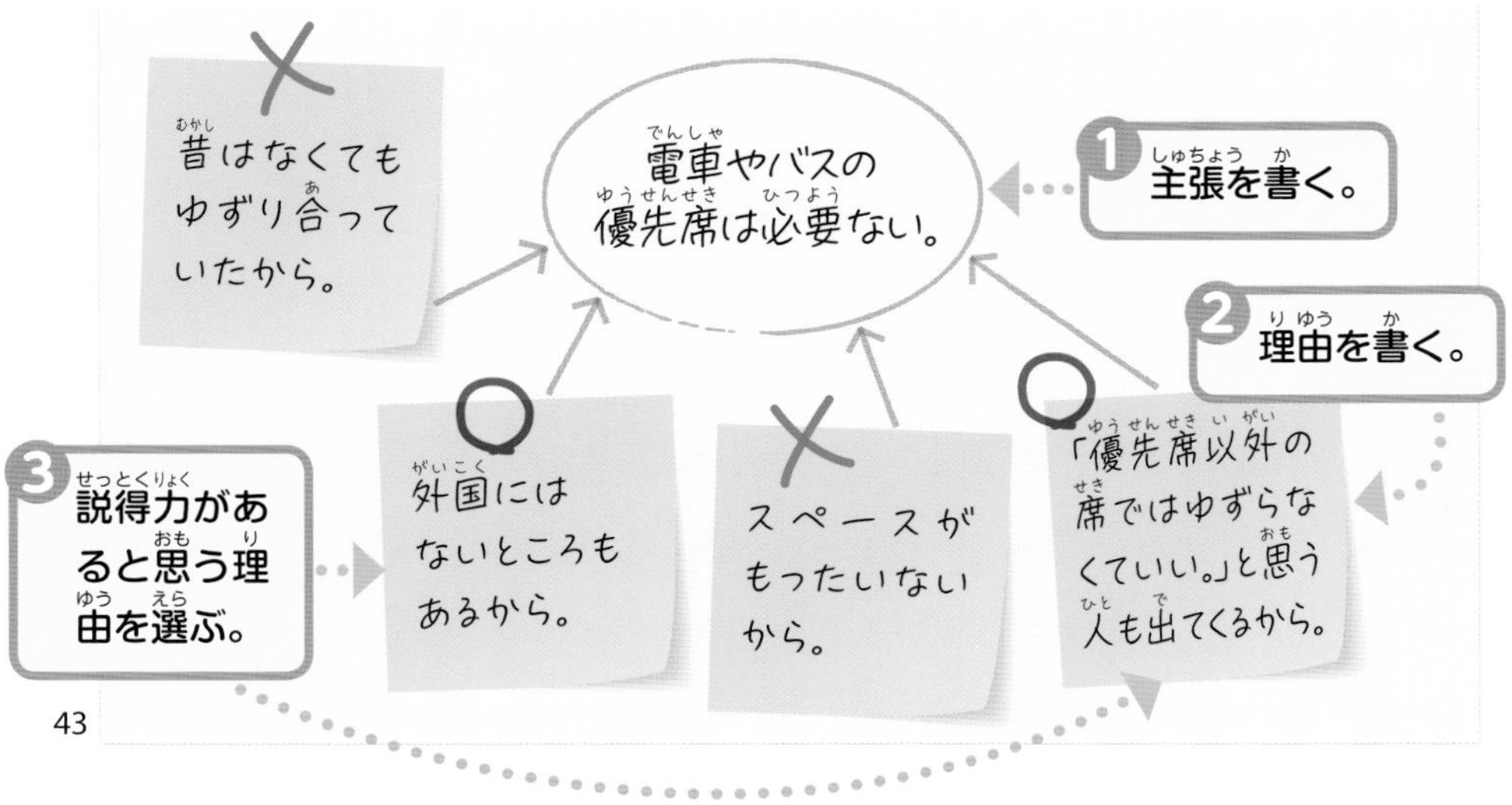

電車《でんしゃ》やバスの優先席《ゆうせんせき》は必要《ひつよう》ない。
1 主張《しゅちょう》を書《か》く。
昔《むかし》はなくてもゆずり合《あ》っていたから。
2 理由《りゆう》を書《か》く。
外国《がいこく》にはないところもあるから。

スペースがもったいないから。

「優先席以外《ゆうせんせきいがい》の席《せき》ではゆずらなくていい。」と思《おも》う人《ひと》も出《で》てくるから。
3 説得力《せっとくりょく》があると思《おも》う理由《りゆう》を選《えら》ぶ。

1【2】で作《つく》ったメモも参考《さんこう》にして、理由《りゆう》や根拠《こんきょ》を考《かんが》えよう。

2 他《ほか》の立場《たちば》から、主張《しゅちょう》を見直《みなお》そう。

【1】さまざまな立場《たちば》になって考《かんが》えよう。

題材《だいざい》に対《たい》する考《かんが》えは、その人《ひと》の立場《たちば》によっても変《か》わります。自《じ》分《ぶん》とはことなる立場《たちば》になったつもりで、**Yチャート**《ワイ》にそれぞれの考《かんが》えを書《か》き出《だ》してみましょう。自分《じぶん》の主張《しゅちょう》のよい点《てん》や悪《わる》い点《てん》、考《かん》えられる反論《はんろん》が見《み》えてきます。

Y《ワイ》チャート

分《わ》ける　視点《してん》を変《か》える　比《くら》べる

わたしは見《み》た目《め》で体《からだ》
に不自由《ふじゆう》があること
が分《わ》からないから，
自分《じぶん》で声《こえ》をかけない
と。できるかな……。

「ゆずってもらえますか。」と声《こえ》をかけて，いやな顔《かお》をされないかな。

立場《たちば》

特《とく》に不自由《ふじゆう》のない人《ひと》

どの席《せき》にも遠《えん》りょなくすわることができる！

優先席《ゆうせんせき》がないなら，どの席《せき》にすわっていてもゆずる必要《ひつよう》はないや。

ポイント

いろいろな考《かんが》えの人《ひと》になりきって書《か》いてみよう。

席《せき》が必要《ひつよう》な人《ひと》を見《み》かけたら，すぐにゆずるようにしよう。でも，席《せき》が必要《ひつよう》な人《ひと》って，どんな人《ひと》なのかな。

知《し》らない人《ひと》に声《こえ》をかけるのははずかしいんだよね。どうしよう。

周《まわ》りに席《せき》を必要《ひつよう》としている人《ひと》がいるかいないか，つねに気《き》をつけるのはたいへん……。

自分《じぶん》の立場《たちば》だけで考《かんが》えていては、だめってことだね。

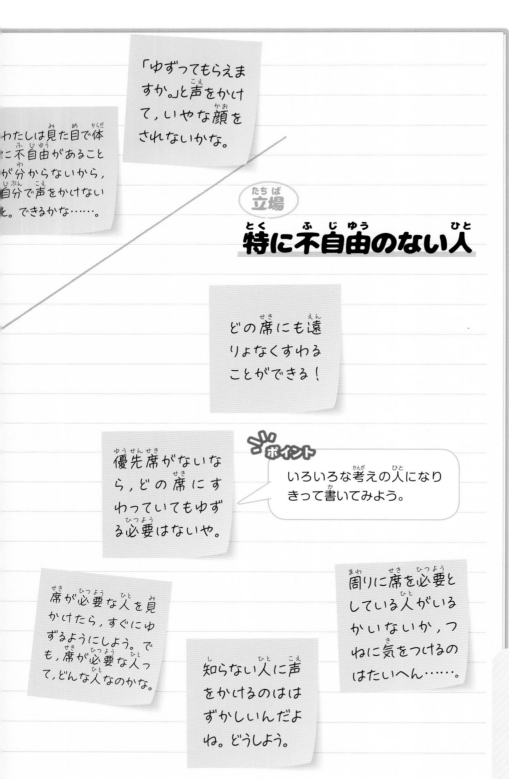

優先席《ゆうせんせき》をなくすと、ゆずり合《あ》いのための声《こえ》かけが今《いま》より大切《たいせつ》になりそうだ。あと、「どの席《せき》でもゆずる必要《ひつよう》はない。」と思《おも》う人《ひと》が出《で》てきそう。どうすればいいかな。

白川《しらかわ》さんがノートに書《か》いた
Y《ワイ》チャート

タイトル

電車《でんしゃ》やバスの優先席《ゆうせんせき》がなくなったら

1 どんなことについての考《かんが》えか，タイトルをつける。

2 想像《そうぞう》する立場《たちば》を書《か》く。

立場《たちば》

体《からだ》の不自由《ふじゆう》な人《ひと》

3 その立場《たちば》になったつもりで，考《かんが》えたことを書《か》く。

どこに立《た》てば席《せき》をゆずってもらえるだろう……。

わざわざ優《ゆう》先席《せんせき》まで行《い》かなくていいのでラク。

立場《たちば》

お年寄《としよ》り

車内《しゃない》のどこにいても「ゆずりますよ。」と声《こえ》をかけられるのかしら。わたしはまだまだ元《げん》気《き》なのに……。

二《ふた》つの立場《たちば》に共通《きょうつう》の考《かんが》えは，線《せん》の間《あいだ》に置《お》こう。

これも使《つか》える！

X《エックス》チャート・W《ダブリュー》チャート

分《わ》ける　視点《してん》を変《か》える　比《くら》べる

もっと多《おお》くの立場《たちば》になって考《かんが》えてみたいときは，**X《エックス》チャート**や**W《ダブリュー》チャート**を使《つか》ってみましょう。

W《ダブリュー》チャート：立場《たちば》が五《いつ》つのとき

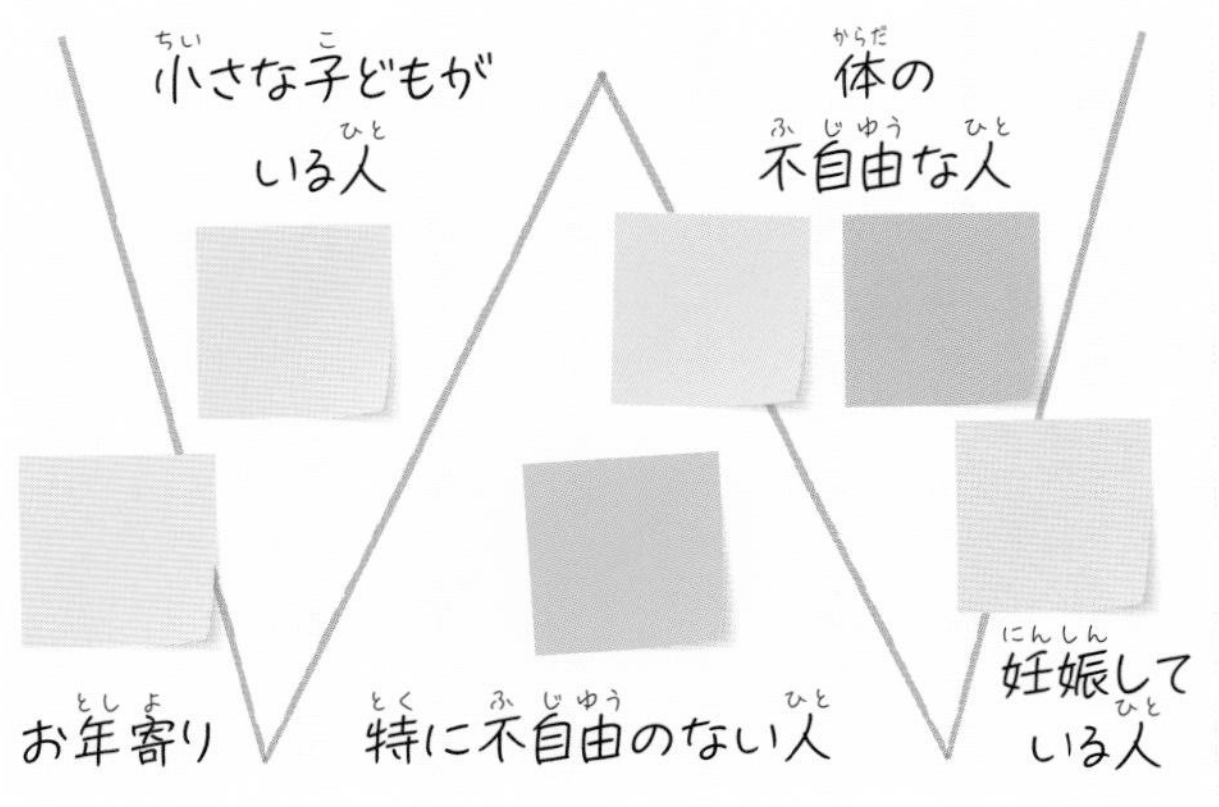
小《ちい》さな子《こ》どもがいる人《ひと》
体《からだ》の不自由《ふじゆう》な人《ひと》
お年寄《としよ》り
特《とく》に不自由《ふじゆう》のない人《ひと》
妊娠《にんしん》している人《ひと》

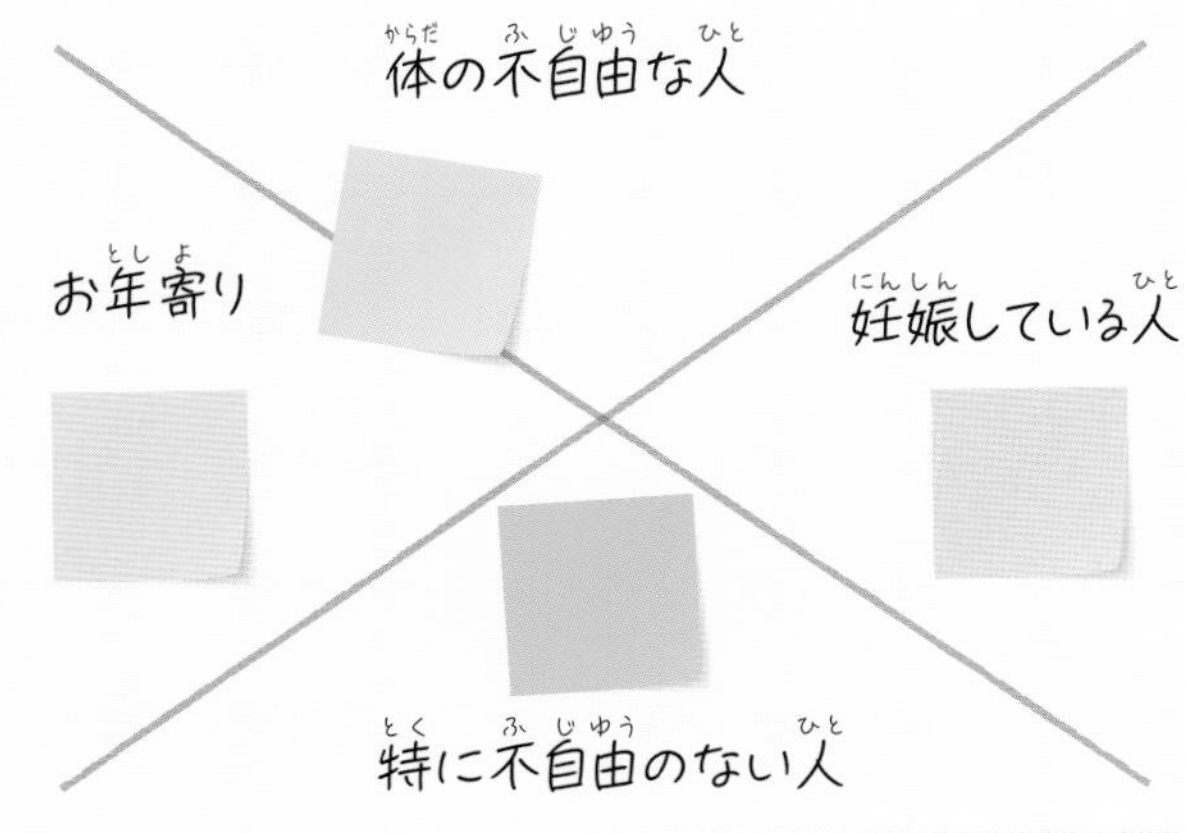
体《からだ》の不自由《ふじゆう》な人《ひと》
お年寄《としよ》り
妊娠《にんしん》している人《ひと》
特《とく》に不自由《ふじゆう》のない人《ひと》

X《エックス》チャート：立場《たちば》が四《よっ》つのとき

【2】友達《ともだち》の意見《いけん》を聞《き》こう。

1 【4】で作《つく》った**枝分《えだわ》かれ図《ず》**を、友達《ともだち》と見《み》せ合《あ》いましょう。説《せっ》得力《とくりょく》があると感《かん》じた点《てん》やおぎなったほうがよい点《てん》を、話《はな》したり、ふせんに書《か》き出《だ》したりして相手《あいて》に伝《つた》えます。

席《せき》を必要《ひつよう》としている人《ひと》がゆずってもらえない場面《ばめん》は、わたしも見《み》たことがあるので共感《きょうかん》できる。だから、「『優先席《ゆうせんせき》以外《いがい》の席《せき》ではゆずらなくていい。』と思《おも》う人《ひと》も出《で》てくるから。」という理由《りゆう》に、より説得力《せっとくりょく》を感《かん》じたよ。こちらにしぼって伝《つた》えたらどうかな。

ポイント

反論《はんろん》があれば，書《か》く。

優先席《ゆうせんせき》がなくなると，席《せき》をゆずる人《ひと》がさらに減《へ》る。

どうすればもっとよくなるか提《てい》案《あん》を書《か》く。

こちらの理由《りゆう》のほうが説得力《せっとくりょく》があるので，こちらにしぼってはどうか。

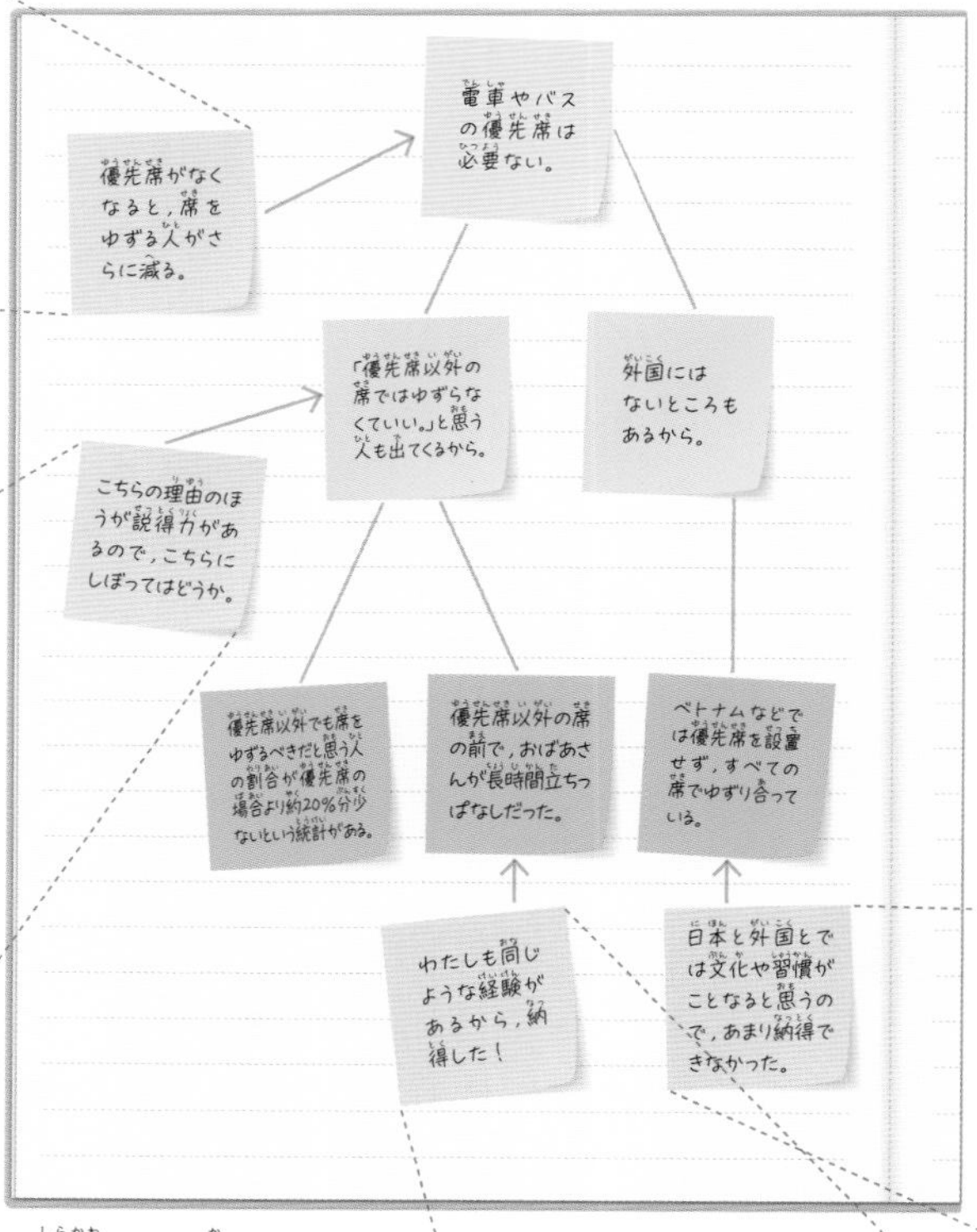

電車《でんしゃ》やバスの優先席《ゆうせんせき》は必要《ひつよう》ない。

優先席《ゆうせんせき》がなくなると，席《せき》をゆずる人《ひと》がさらに減《へ》る。

「優先席《ゆうせんせき》以外《いがい》の席《せき》ではゆずらなくていい。」と思《おも》う人《ひと》も出《で》てくるから。

外国《がいこく》にはないところもあるから。

こちらの理由《りゆう》のほうが説得力《せっとくりょく》があるので，こちらにしぼってはどうか。

優先席以外でも席をゆずるべきだと思う人の割合が優先席の場合より約20%分少ないという統計がある。

優先席《ゆうせんせき》以外《いがい》の席《せき》の前《まえ》で，おばあさんが長時間《ちょうじかん》立ちっぱなしだった。

ベトナムなどでは優先席《ゆうせんせき》を設置《せっち》せず，すべての席《せき》でゆずり合《あ》っている。

わたしも同《おな》じような経験《けいけん》があるから，納《なっ》得《とく》した！

日本《にほん》と外国《がいこく》とでは文化《ぶんか》や習慣《しゅうかん》がことなると思《おも》うので，あまり納得《なっとく》できなかった。

※白川《しらかわ》さんが書《か》いた枝分《えだわ》かれ図《ず》のノートに，小松《こまつ》さんがふせんをはりつけたもの。

小松《こまつ》さんが書《か》いた**ふせん**

日本《にほん》と外国《がいこく》とでは文化《ぶんか》や習慣《しゅうかん》がことなると思《おも》うので，あまり納得《なっとく》できなかった。

説得力《せっとくりょく》が足《た》りないと感《かん》じたこと，その理由《りゆう》を書《か》く。

わたしも同《おな》じような経験《けいけん》があるから，納《なっ》得《とく》した！

説得力《せっとくりょく》があると感《かん》じたこと，その理由《りゆう》を書《か》く。

じゃあ、理由《りゆう》は一《ひと》つにしぼることにしよう。小松《こまつ》さんが書《か》いてくれた反論《はんろん》は、ぼくが考《かんが》えていたことと同《おな》じだ。この反論《はんろん》に対《たい》して、どんなことを伝《つた》えれば納《なっ》得《とく》してもらえるかな。

3 文章《ぶんしょう》の構成《こうせい》を決《き》めよう。

枝分《えだわ》かれ図《ず》を使《つか》って、文章《ぶんしょう》の構成《こうせい》を考《かんが》えましょう。2【1】の他《ほか》の立場《たちば》になって考《かんが》えたことや、2【2】の友達《ともだち》の意見《いけん》を参考《さんこう》に、伝《つた》えたいことを整理《せいり》しましょう。「初《はじ》め」と「終《お》わり」には、自分《じぶん》の主張《しゅちょう》をはっきり述《の》べます。「中《なか》」には、理由《りゆう》や根拠《こんきょ》、反論《はんろん》に対《たい》する考《かんが》えを書《か》きます（→ 資料《しりょう》 60ページ）。

枝分《えだわ》かれ図《ず》

整理《せいり》する　見通《みとお》す　まとめる

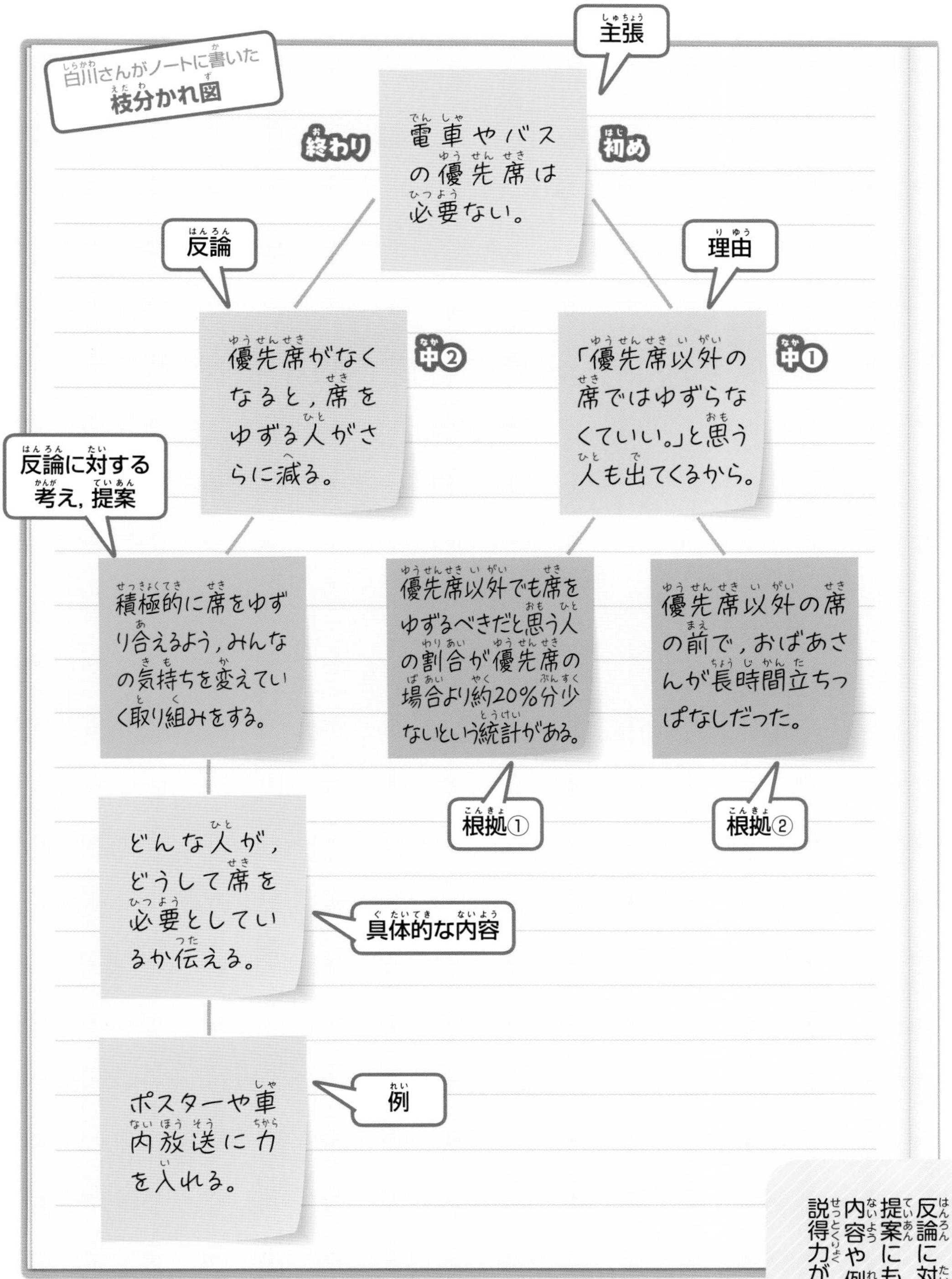

白川《しらかわ》さんがノートに書《か》いた
枝分《えだわ》かれ図《ず》
主張《しゅちょう》
初《はじ》め
終《お》わり
電車《でんしゃ》やバスの優先席《ゆうせんせき》は必要《ひつよう》ない。
理由《りゆう》
中《なか》①
「優先席以外《ゆうせんせきいがい》の席《せき》ではゆずらなくていい。」と思《おも》う人《ひと》も出《で》てくるから。
反論《はんろん》
中《なか》②
優先席《ゆうせんせき》がなくなると，席《せき》をゆずる人《ひと》がさらに減《へ》る。
優先席以外《ゆうせんせきいがい》でも席《せき》をゆずるべきだと思《おも》う人《ひと》の割合《わりあい》が優先席《ゆうせんせき》の場合《ばあい》より約《やく》20%分少《ぶんすく》ないという統計《とうけい》がある。
根拠《こんきょ》①
優先席以外《ゆうせんせきいがい》の席《せき》の前《まえ》で，おばあさんが長時間立《ちょうじかんた》ちっぱなしだった。
根拠《こんきょ》②
反論《はんろん》に対《たい》する考《かんが》え，提案《ていあん》
積極的《せっきょくてき》に席《せき》をゆずり合《あ》えるよう，みんなの気持《きも》ちを変《か》えていく取《と》り組《く》みをする。
どんな人《ひと》が，どうして席《せき》を必要《ひつよう》としているか伝《つた》える。
具体的《ぐたいてき》な内容《ないよう》
ポスターや車内放送《しゃないほうそう》に力《ちから》を入《い》れる。
例《れい》

反論《はんろん》に対《たい》する考《かんが》えや提案《ていあん》にも、具体的《ぐたいてき》な内容《ないよう》や例《れい》を示《しめ》すと、説得力《せっとくりょく》が増《ま》すよ。

4 意見文《いけんぶん》を書《か》こう。

伝《つた》えたいことが整理《せいり》できたら、**枝分《えだわ》かれ図《ず》**をかくにんしながら意見文《いけんぶん》を書《か》いていきましょう。

理由《りゆう》

「優先席以外《ゆうせんせきいがい》の席《せき》ではゆずらなくていい。」と思《おも》う人《ひと》も出《で》てくるから。

反論《はんろん》

優先席《ゆうせんせき》がなくなると，席《せき》をゆずる人《ひと》がさらに減《へ》る。

主張《しゅちょう》

電車《でんしゃ》やバスの優先席《ゆうせんせき》をなくして、ゆずり合《あ》える社会《しゃかい》へ

五年三組《ごねんさんくみ》　白川《しらかわ》せいじ

ぼくは、電車《でんしゃ》やバスの優先席《ゆうせんせき》は必要《ひつよう》ないと考《かんが》える。

その理由《りゆう》は、優先席《ゆうせんせき》があると「優先席以外《ゆうせんせきいがい》の席《せき》ではゆずらなくてよい。」と思《おも》う人《ひと》も出《で》てくるからだ。お年寄《としよ》りや妊娠《にんしん》している人《ひと》、見《み》た目《め》では分《わ》からない病気《びょうき》や障害《しょうがい》のある人《ひと》など、席《せき》を必要《ひつよう》としている人《ひと》には、どこにすわっていても席《せき》をゆずるべきだ。しかし、ヴァル研究所《けんきゅうじょ》の二〇一六年《ねん》の調《ちょう》査《さ》によると、「優先席《ゆうせんせき》では席《せき》をゆずるべき。」と考《かんが》える人《ひと》が全体《ぜんたい》の約《やく》76％だった一方《いっぽう》、「優先席以外《ゆうせんせきいがい》でも席《せき》をゆずるべき。」と考《かんが》える人《ひと》は約《やく》57％しかいなかったという。優先席《ゆうせんせき》にくらべて、優先席以《ゆうせんせきい》外《がい》ではゆずろうと考《かんが》える人《ひと》の割合《わりあい》が約《やく》20％分少《ぶんすく》ないことが分《わ》かる。実際《じっさい》に、ぼくはこの前《まえ》つえをついたおばあさんが、優先席以外《ゆうせんせきいがい》の席《せき》の前《まえ》で三十分以上《さんじっぷんいじょう》も立《た》ちっぱなしでいるところを見《み》かけた。

優先席《ゆうせんせき》がなくなると、席《せき》をゆずる人《ひと》がさらに減《へ》ると心配《しんぱい》する人《ひと》もいるだろう。その対策《たいさく》として電車《でんしゃ》やバスでは、今《いま》より気軽《きがる》に席《せき》をゆずり合《あ》えるよう、みんなの気持《きも》ちを変《か》えるようなはたらきかけをしてはどうか。見《み》た目《め》では席《せき》を必要《ひつよう》としていることが分《わ》からない人《ひと》もいるので、どんな人《ひと》が、

根拠《こんきょ》①

優先席以外《ゆうせんせきいがい》でも席《せき》をゆずるべきだと思《おも》う人《ひと》の割合《わりあい》が優先席《ゆうせんせき》の場合《ばあい》より約《やく》20％分少《ぶんすく》ないという統計《とうけい》がある。

根拠《こんきょ》②

優先席以外《ゆうせんせきいがい》の席《せき》の前《まえ》で，おばあさんが長時間立《ちょうじかんた》ちっぱなしだった。

反論《はんろん》に対《たい》する考《かんが》え，提案《ていあん》

積極的《せっきょくてき》に席《せき》をゆずり合《あ》えるよう，みんなの気持《きも》ちを変《か》えていく取《と》り組みをする。

ポイント

「〜という」と書《か》くことで，引用《いんよう》であることをはっきりさせる。

3の枝分《えだわ》かれ図《ず》で使《つか》ったふせんを原稿用紙《げんこうようし》にはって、書《か》きわすれがないようにしよう。

具体的《ぐたいてき》な内容《ないよう》

どんな人《ひと》が，どうして席《せき》を必要《ひつよう》としているか伝《つた》える。

白川《しらかわ》さんが書《か》いた意見文《いけんぶん》

どうして席《せき》を必要《ひつよう》としているのか伝《つた》えていくのだ。例《たと》えばポスターや車内放送《しゃないほうそう》によるよびかけに、もっと力《ちから》を入《い》れるのはどうだろう。ぼくたちのような小学生《しょうがくせい》が作《つく》ったポスターをはったら、今《いま》より注目《ちゅうもく》してもらえるかもしれない。そうして席《せき》を必要《ひつよう》としている人《ひと》のことを多《おお》くの人《ひと》に知《し》ってもらえれば、優先席《ゆうせんせき》がなくても、「ゆずってもらえますか。」、「ゆずりましょうか。」と気軽《きがる》に声《こえ》をかけ合《あ》うことができるようになると思《おも》う。

まとめ

電車《でんしゃ》やバスのすべての席《せき》でゆずり合《あ》えるようにするために、優先席《ゆうせんせき》は必要《ひつよう》ない。

〈参考《さんこう》〉ヴァル研究所《けんきゅうじょ》「ゆずりあい精神《せいしん》の意識調査《いしきちょうさ》」二〇一六年《ねん》
(https://roote.ekispert.net/ja/labo/investigation/result/2016/02)　見《み》た日《ひ》：十一月二日《じゅういちがつふつか》

参考《さんこう》

「例《たと》えば〜」で具体《ぐたい》的《てき》な例《れい》を示《しめ》す。

例《れい》

ポスターや車《しゃ》内放送《ないほうそう》に力《ちから》を入《い》れる。

5 意見文《いけんぶん》を読《よ》み合《あ》おう。

友達《ともだち》とおたがいの意見文《いけんぶん》を読《よ》み合《あ》い、とくに説得力《せっとくりょく》のある部分《ぶぶん》がどこか、それはなぜかなど、読《よ》んで感《かん》じたことを伝《つた》え合《あ》いましょう。ふせんに書《か》いて、友達《ともだち》の意見文《いけんぶん》にはってもいいですね。

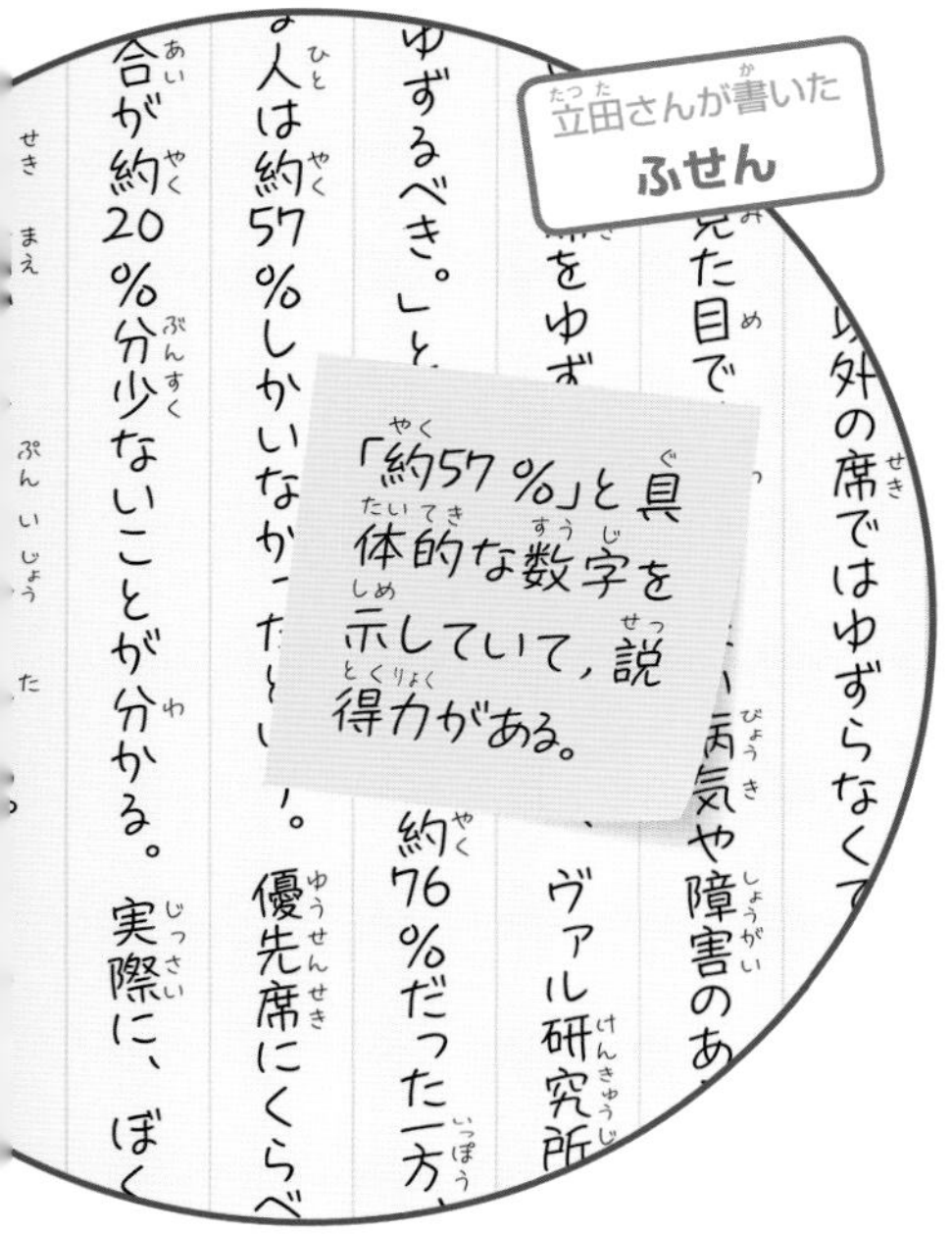
立田《たつた》さんが書《か》いた
ふせん
「約《やく》57％」と具《ぐ》体的《たいてき》な数字《すうじ》を示《しめ》していて，説《せっ》得力《とくりょく》がある。

白川《しらかわ》さんの意見文《いけんぶん》には、統計資料《とうけいしりょう》が根拠《こんきょ》に使《つか》われていて、「約《やく》57％」、「約《やく》20％」のように具体《ぐたい》的《てき》な数字《すうじ》が書《か》いてあったから、とても説得力《せっとくりょく》があったよ。
ありがとう！立田《たつた》さんの意《い》見文《けんぶん》は……
立田《たつた》さん

ここでも使《つか》える！

X《エックス》チャート

スピーチの感想《かんそう》を考《かんが》えよう＊

分《わ》ける　比《くら》べる　評価《ひょうか》する

授業《じゅぎょう》や学級活動《がっきゅうかつどう》では、スピーチをしたり、聞《き》いたりする機会《きかい》がありますね。スピーチも、終《お》わった後《あと》のふり返《かえ》りが大切《たいせつ》です。**X《エックス》チャート**を使《つか》って感《かん》じたことを書《か》き、おたがいに感想《かんそう》を伝《つた》え合《あ》いましょう。

X《エックス》チャートはある物事《ものごと》やテーマについて、四《よっ》つの視点《してん》で考《かんが》えるときに使《つか》うことができます。ここでは友達《ともだち》のスピーチを四《よっ》つの視点《してん》をもとに聞《き》き、感想《かんそう》をまとめる方法《ほうほう》をしょうかいします。

1 注目《ちゅうもく》する工夫《くふう》を四《よっ》つ決《き》めて，それぞれのわくに書《か》こう。工夫《くふう》は，クラスやグループで統一《とういつ》しよう。

2 四《よっ》つの工夫《くふう》に注目《ちゅうもく》しながらスピーチを聞《き》こう。

3 工夫《くふう》ごとに感想《かんそう》を書《か》こう。ふせんを使《つか》うときは，工夫《くふう》ごとに色《いろ》を変《か》えると分《わ》かりやすい。

資料《しりょう》の工夫《くふう》

資料《しりょう》の内容《ないよう》をしょうかいするときは，必《かなら》ず「〇〇によると××でした。」と話《はな》すようにしていた。

アンケートの結果《けっか》をグラフにして見《み》せていたので，分《わ》かりやすかった。

自分《じぶん》の体験《たいけん》とアンケート，二《ふた》つの根拠《こんきょ》を挙《あ》げていたので説得力《せっとくりょく》があった。

白川《しらかわ》さん

みなさんは、いつも敬語《けいご》をきちんと使《つか》えていますか。ぼくは……アンケートによると、なんと半分《はんぶん》もの人《ひと》が敬語《けいご》の使《つか》い方《かた》に自信《じしん》がないことが分《わ》かりました。ですが敬語《けいご》は……

小松《こまつ》さん

最初《さいしょ》に「いつもどうしているか。」と問《と》いかけられると、その後《ご》の話《はなし》を自分《じぶん》のこととして考《かんが》えることができる。いい工夫《くふう》だな。

＊光村図書《みつむらとしょ》の国語教科書《こくごきょうかしょ》の教材名《きょうざいめい》に対応《たいおう》しています。

小松《こまつ》さんが書《か》いた
X《エックス》チャートのプリント

タイトル：白川《しらかわ》さんのスピーチで感《かん》じたこと

事実《じじつ》と感想《かんそう》，意見《いけん》とを分《わ》ける工夫《くふう》

自分《じぶん》の意見《いけん》を言《い》うときには，「〜と思《おも》いました。」と言《い》うようにしていた。

ポイント

工夫《くふう》は，スピーチで大切《たいせつ》なことは何《なに》かを考《かんが》えて決《き》めるようにしよう。

話《はな》し方《かた》の工《く》夫《ふう》

クラスのみんなを見回《みまわ》して，一人《ひとり》ひとりに語《かた》りかけるように話《はな》していた。

声《こえ》はもう少《すこ》し大《おお》きくてもいいと思《おも》った。

「こうすればもっとよくなる。」と思《おも》うことも書《か》こう。

いつもよりゆっくり話《はな》すようにしていて，聞《き》きとりやすかった。

いつもどうしているか，最初《さいしょ》に問《と》いかけていたので，自《じ》分《ぶん》の問題《もんだい》として考《かんが》えることができた。

できるかぎり具体的《ぐたいてき》に書《か》こう。

話《はなし》の構成《こうせい》の工夫《くふう》

四《よっ》つの工夫《くふう》に注目《ちゅうもく》してスピーチを聞《き》いたら、細《こま》かい動作《どうさ》や言葉《ことば》にも気《き》をつけることができたよ。感想《かんそう》も、より具体的《ぐたいてき》な内容《ないよう》を書《か》くことができた。

自分《じぶん》のスピーチのどこがよかったか、もう少《すこ》し工夫《くふう》が必要《ひつよう》なところはどこか、すぐ分《わ》かるね。自分《じぶん》のスピーチを自分《じぶん》で評価《ひょうか》するときにも使《つか》えそう！

Y《ワイ》チャート

分《わ》ける
比《くら》べる
評価《ひょうか》する

Y《ワイ》チャートは、ある物事《ものごと》やテーマについて、三《みっ》つの視点《してん》で考《かんが》えるときに使《つか》います。

資源《しげん》を大切《たいせつ》にする3R《スリーアール》の取《と》り組《く》みについて考《かんが》えよう

3R《スリーアール》（スリーアール）という言葉《ことば》を聞《き》いたことはありますか。リデュース（Reduce《リデュース》、ごみを減《へ》らす）、リユース（Reuse《リユース》、ものを捨《す》てないでくり返《かえ》し使《つか》う）、リサイクル（Recycle《リサイクル》、使《つか》ったものを資源《しげん》として再利用《さいりよう》する）の三《みっ》つの英語《えいご》の頭文字《かしらもじ》をとったもので、限《かぎ》りある資源《しげん》を大切《たいせつ》に使《つか》うための取《と》り組《く》みを指《さ》します。

ここでは**Y《ワイ》チャート**を使《つか》って、この3R《スリーアール》についてわたしたちに何《なに》ができるか、考《かんが》えてみましょう。

この前《まえ》、家庭科《かていか》の授業《じゅぎょう》で、家庭《かてい》から出《で》るごみの量《りょう》がとても多《おお》いことを知《し》ってびっくりしちゃった。わたしたちに何《なに》かできることはあるかな。

小松《こまつ》さん

授業《じゅぎょう》では、3R《スリーアール》のことを勉強《べんきょう》したよね。3R《スリーアール》をもとに、ぼくたちができることを考《かんが》えてみようよ！

白川《しらかわ》さん

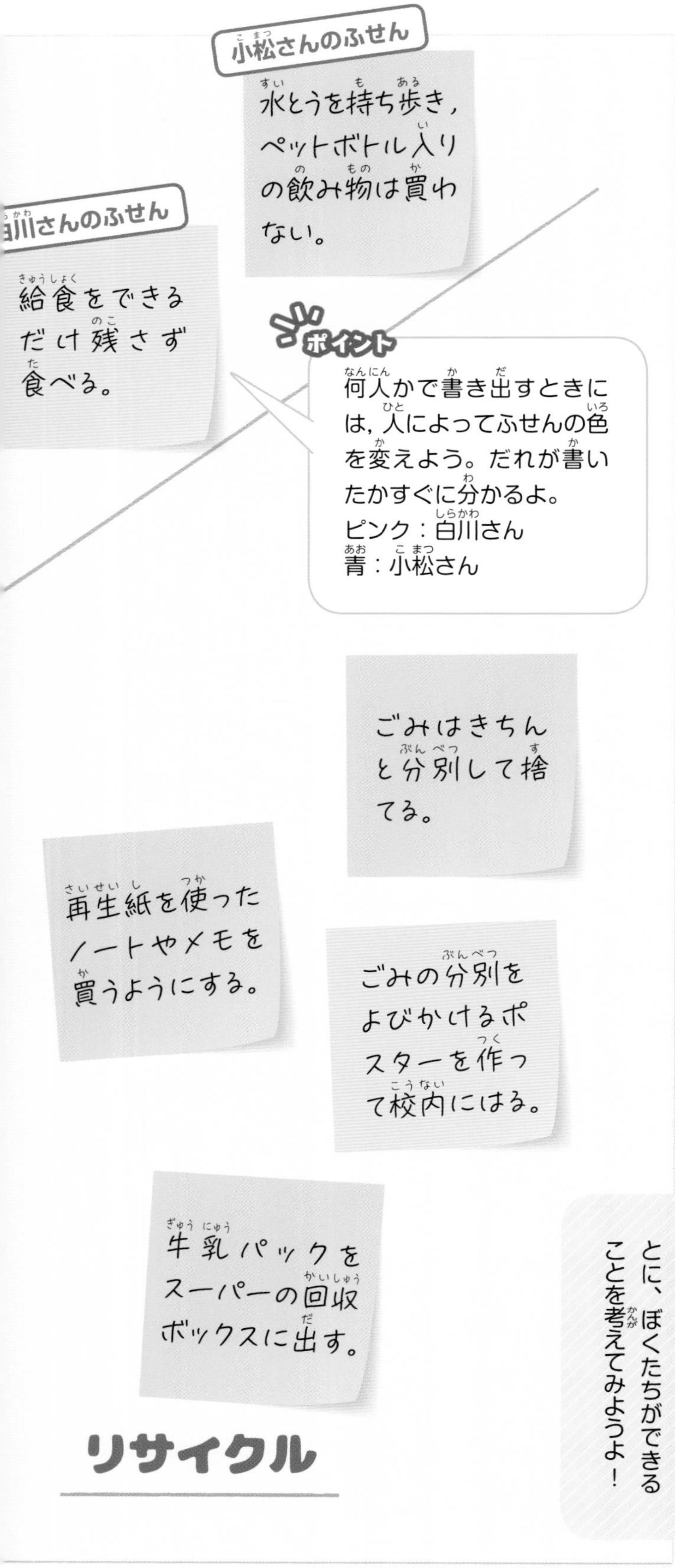

小松《こまつ》さんのふせん
水《すい》とうを持《も》ち歩《ある》き，ペットボトル入《い》りの飲《の》み物《もの》は買《か》わない。
川さんのふせん
給食《きゅうしょく》をできるだけ残《のこ》さず食《た》べる。
ポイント
何人《なんにん》かで書《か》き出《だ》すときには，人《ひと》によってふせんの色《いろ》を変《か》えよう。だれが書《か》いたかすぐに分《わ》かるよ。
ピンク：白川《しらかわ》さん
青《あお》：小松《こまつ》さん
ごみはきちんと分別《ぶんべつ》して捨《す》てる。
再生紙《さいせいし》を使《つか》ったノートやメモを買《か》うようにする。
ごみの分別《ぶんべつ》をよびかけるポスターを作《つく》って校内《こうない》にはる。
牛乳《ぎゅうにゅう》パックをスーパーの回収《かいしゅう》ボックスに出《だ》す。
リサイクル

小松《こまつ》さんと白川《しらかわ》さんが書《か》いた
Y《ワイ》チャート

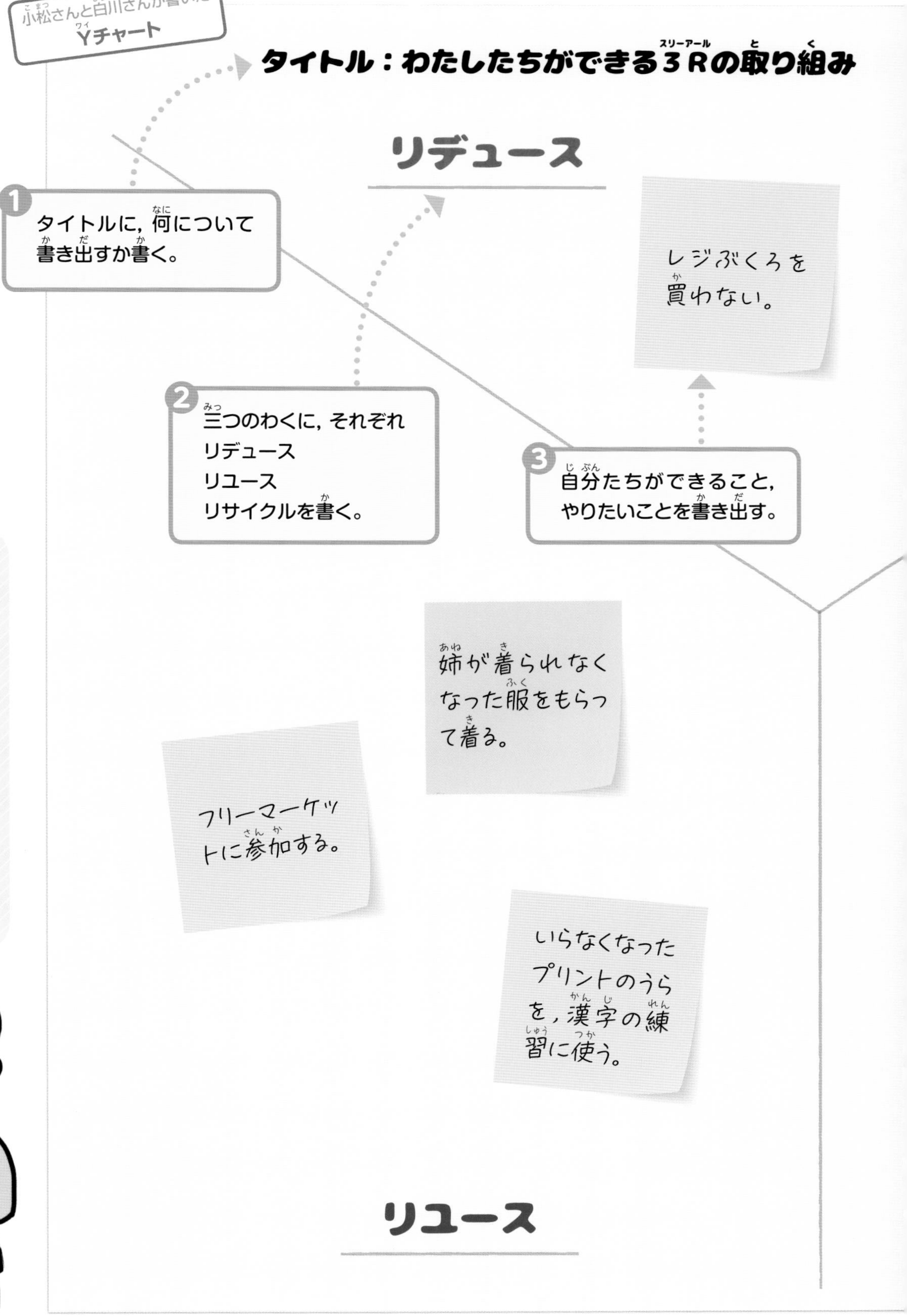
タイトル：わたしたちができる３Ｒ《スリーアール》の取《と》り組《く》み
リデュース
リユース
1 タイトルに，何《なに》について書《か》き出《だ》すか書《か》く。
2 三《みっ》つのわくに，それぞれ
リデュース
リユース
リサイクルを書《か》く。
3 自分《じぶん》たちができること，やりたいことを書《か》き出《だ》す。
レジぶくろを買《か》わない。
姉《あね》が着《き》られなくなった服《ふく》をもらって着《き》る。
フリーマーケットに参加《さんか》する。
いらなくなったプリントのうらを，漢字《かんじ》の練習《れんしゅう》に使《つか》う。

資源《しげん》を大切《たいせつ》にする取《と》り組《く》みについて、ぼくたちにもできることがたくさんあると気《き》づいたよ。レジぶくろを買《か》わなくてすむよう、出《で》かけるときは必《かなら》ずマイバッグを持《も》ち歩《ある》くようにしよう。それから……

各章《かくしょう》で使《つか》える言葉《ことば》や表現《ひょうげん》

文章《ぶんしょう》を書《か》いたり、話《はな》し合《あ》ったりするときには、どんな言葉《ことば》を使《つか》うか、どんな表現《ひょうげん》をするかが大切《たいせつ》です。ここでは、この本《ほん》であつかっている内容《ないよう》に関《かか》わりの深《ふか》い言葉《ことば》や表現《ひょうげん》をしょうかいします。

① 調《しら》べたことを正確《せいかく》に報告《ほうこく》しよう

● ものの様子《ようす》を表《あらわ》す言葉《ことば》

新《あたら》しい
- 新《あら》たな
- 今《いま》までにない
- 画期的《かっきてき》な

はっきりした
- 明《あき》らかな
- 明確《めいかく》な
- 確《たし》かな
- 正確《せいかく》な
- 確実《かくじつ》な

例《れい》：「視覚《しかく》に障害《しょうがい》のある人《ひと》に対《たい》して、その先《さき》に階段《かいだん》があることを**確実《かくじつ》に**知《し》らせなければなりません。」

「なくてはならない」や「欠《か》かせない」は、「音響用押《おんきょうようおし》ボタンは、視覚《しかく》に障害《しょうがい》のある人《ひと》が一人《ひとり》で信号《しんごう》をわたるときに**欠《か》かせない**ものだ。」のように、それがないと物事《ものごと》がなりたたないほど重要《じゅうよう》なときに使《つか》うよ。

重要《じゅうよう》な
- 主《おも》な
- 大切《たいせつ》な
- 重大《じゅうだい》な
- なくてはならない
- 欠《か》かせない

身近《みぢか》な
- 身《み》の回《まわ》りにある
- 親《した》しみのある
- なじみのある

安全《あんぜん》な
- 安心《あんしん》な
- 危険《きけん》がない
- 不安《ふあん》がない
- 心配《しんぱい》がない
- おそれがない

例《れい》：「視覚《しかく》に障害《しょうがい》のある人《ひと》がぶつかって、けがをする**おそれがない**よう、点字《てんじ》ブロックの上《うえ》に自転車《じてんしゃ》を置《お》いてはいけない」

便利《べんり》な
- 有効《ゆうこう》な
- 効果的《こうかてき》な
- 使《つか》いやすい
- 使《つか》い勝手《がって》がよい
- 重宝《ちょうほう》する
- 役《やく》に立《た》つ

やさしい
- 分《わ》かりやすい
- かんたんな
- 楽《らく》な
- 手軽《てがる》な
- 気軽《きがる》な

適《てき》した
- 合《あ》う
- ぴったりな
- ふさわしい
- 望《のぞ》ましい
- 最適《さいてき》な
- 適切《てきせつ》な

例《れい》：「スロープは、車《くるま》いすの人《ひと》にとって**適切《てきせつ》な**角度《かくど》で設置《せっち》されている。」

② たがいの立場《たちば》を明確《めいかく》にして、話《はな》し合《あ》おう

● 考《かんが》えや意見《いけん》を伝《つた》える言葉《ことば》

説明《せつめい》する

- つまり――
- 具体的《ぐたいてき》にいうと――
- 言《い》いかえると――
- ――とは、どういうことかというと

例《れい》：「今《いま》までにない取《と》り組《く》み**とは、どういうことかというと、**――」

話題《わだい》を広《ひろ》げる

- さらに――
- ――に加《くわ》えて
- 一方《いっぽう》――
- 他《ほか》にも――

例《れい》：「ポスターには多《おお》くの人《ひと》に見《み》てもらえるというよさがありますが、**一方《いっぽう》**で、かんたんな内容《ないよう》しか伝《つた》わらないという弱点《じゃくてん》もあります。」

話題《わだい》をしぼる

- ――という条件《じょうけん》では
- ――に注目《ちゅうもく》すると
- もし――なら
- ――に関《かん》しては
- ――という点《てん》では
- ――については

話《はな》し合《あ》いでは、意見《いけん》の共通点《きょうつうてん》やことなる点《てん》を見《み》つけることが大切《たいせつ》だよ。「多《おお》くの人《ひと》に知《し》らせることが重要《じゅうよう》だ**という点《てん》では**、わたしも同《おな》じ意見《いけん》です。ですが、その方法《ほうほう》に**ついては**――」のように、どの部分《ぶぶん》が同《おな》じで、どの部分《ぶぶん》ではことなるのか、具体的《ぐたいてき》に伝《つた》えよう。

比《くら》べる

- どちらが――
- 〇〇より××のほうが――
- 共通点《きょうつうてん》は――
- ちがう点《てん》は――

例《れい》：「ポスターと新聞《しんぶん》、**どちらが**より多《おお》くの人《ひと》に情報《じょうほう》を伝《つた》えられると考《かんが》えますか。」

③ 読《よ》み手《て》が納得《なっとく》する意見文《いけんぶん》を書《か》こう

● 言葉《ことば》や文《ぶん》をつなぐ言葉《ことば》

説明《せつめい》する

- したがって
- よって
- すると
- このように
- すなわち
- なぜかというと
- その理由《りゆう》は
- 例《れい》を挙《あ》げると
- 要《よう》するに

例《れい》：「優先席《ゆうせんせき》では席《せき》をゆずるべき。」と考《かんが》える人《ひと》が全体《ぜんたい》の約《やく》76％だった一方《いっぽう》、「優先席《ゆうせんせき》以外《いがい》でも席《せき》をゆずるべき。」と考《かんが》える人《ひと》は約《やく》57％だった。**要《よう》するに**、優先《ゆうせん》席《せき》ではゆずるけれど、優先席《ゆうせんせき》以《い》外《がい》ではゆずらなくていいと考《かんが》える人《ひと》がいるのだ。」

話題《わだい》を広《ひろ》げる

- それから
- または
- もしくは
- それとも
- しかも
- その上《うえ》
- それどころか

ことなる考《かんが》えや例《れい》を示《しめ》す

- しかし
- だが
- ところが
- にもかかわらず
- 反対《はんたい》に
- 一方《いっぽう》で

「目《め》の前《まえ》につえをついているおばあさんがいる**にもかかわらず**、席《せき》をゆずらない人《ひと》がいる。」という文章《ぶんしょう》には、「目《め》の前《まえ》につえをついているおばあさんがいたら、席《せき》をゆずるべきだ。それなのに、席《せき》をゆずらない人《ひと》がいる。」という、書《か》いた人《ひと》の考《かんが》えや意見《いけん》がふくまれているね。

資料《しりょう》

図書館《としょかん》を活用《かつよう》しよう

図書館《としょかん》には、たくさんの本《ほん》や新聞《しんぶん》、CD《シーディー》、DVD《ディーブイディー》などの資料《しりょう》が置《お》いてあります。一般《いっぱん》の書店《しょてん》には置《お》かれていないような古《ふる》い資料《しりょう》や大型《おおがた》の資《し》料《りょう》、専門的《せんもんてき》な資料《しりょう》などもあり、公立図書館《こうりつとしょかん》であれば無料《むりょう》で利用《りよう》することができます。調《しら》べものをするときに、とても便利《べんり》な施設《しせつ》です。

▼本《ほん》の分類《ぶんるい》を知《し》ろう

多《おお》くの図書館《としょかん》では、日本十進分類法《にほんじっしんぶんるいほう》(NDC《エヌディーシー》)というルールをもとに本《ほん》を分類《ぶんるい》しています。ここでは、そのルールと本《ほん》の背表紙《せびょうし》についているラベルの見方《みかた》をしょうかいします。

本《ほん》のラベルに書《か》かれている内容《ないよう》は、図書《とし》館《かん》によってことなるよ。自分《じぶん》がよく利《り》用《よう》する図書館《としょかん》ではどうか、ウェブサイトなどでかくにんしよう。

763

分類記号《ぶんるいきごう》：NDC《エヌディーシー》にもとづいてつけられる。

他《ほか》の段《だん》には，本《ほん》の著者《ちょしゃ》やタイトルの頭文字《かしらもじ》，図書館《としょかん》がその分類記号《ぶんるいきごう》の中《なか》で本《ほん》を受《う》け入《い》れた順番《じゅんばん》，いくつかの巻《かん》に分《わ》かれている本《ほん》のうち，何巻目《なんかんめ》にあたるかなどが書《か》かれている。

分類記号《ぶんるいきごう》のしくみ

1けた目《め》の分類《ぶんるい》

0	1	2	3	4	5	6	7	8	9
総記《そうき》	哲学《てつがく》	歴史《れきし》	社会《しゃかい》	自然科学《しぜんかがく》	工業《こうぎょう》	産業《さんぎょう》	芸術《げいじゅつ》	言葉《ことば》	文学《ぶんがく》

2けた目《め》の分類《ぶんるい》

70 芸術《げいじゅつ》，美術《びじゅつ》								
71 彫刻《ちょうこく》	72 絵画《かいが》、書道《しょどう》	73 版画《はんが》	74 写真《しゃしん》、印刷《いんさつ》	75 工芸《こうげい》	76 音楽《おんがく》、舞踊《ぶよう》	77 劇《げき》	78 スポーツ、体育《たいいく》	79 レクリエーション

3けた目《め》の分類《ぶんるい》

760 音楽全般《おんがくぜんぱん》								
761 音楽《おんがく》の一般理論《いっぱんりろん》、音楽学《おんがくがく》	762 音楽史《おんがくし》、各国《かっこく》の音楽《おんがく》	763 楽器《がっき》、器楽《きがく》	764 器楽合奏《きがくがっそう》	765 宗教音楽《しゅうきょうおんがく》、聖楽《せいがく》	766 劇音楽《げきおんがく》	767 声楽《せいがく》	768 邦楽《ほうがく》	769 舞踊《ぶよう》、バレエ

例《たと》えばピアノについての本《ほん》は……763に分類《ぶんるい》されるってことだね！

本《ほん》のならび方《かた》のルール

図書館《としょかん》の本《ほん》だなには、分類記号《ぶんるいきごう》の他《ほか》、本《ほん》のタイトルや著者《ちょしゃ》の名前《なまえ》などをもとに本《ほん》がならべられています。

分類《ぶんるい》ごとに整理《せいり》されて本《ほん》だなにならべられているから、目的《もくてき》の本《ほん》の近《ちか》くで、その本《ほん》と関係《かんけい》の深《ふか》い本《ほん》が見《み》つかることもあるよ。

分類記号《ぶんるいきごう》にしたがって，左《ひだり》から右《みぎ》，上《うえ》から下《した》へならんでいる。

大《おお》きな本《ほん》は，いちばん下《した》の段《だん》に置《お》かれていることが多《おお》い。

ピアノの歴史
ピアノのすべて

検索《けんさく》システムを使《つか》おう

図書館《としょかん》にある、検索《けんさく》システムを使《つか》ってみましょう。本《ほん》のタイトルや著者名《ちょしゃめい》、キーワードから、本《ほん》をさがすことができます。

〈検索画面《けんさくがめん》の例《れい》〉

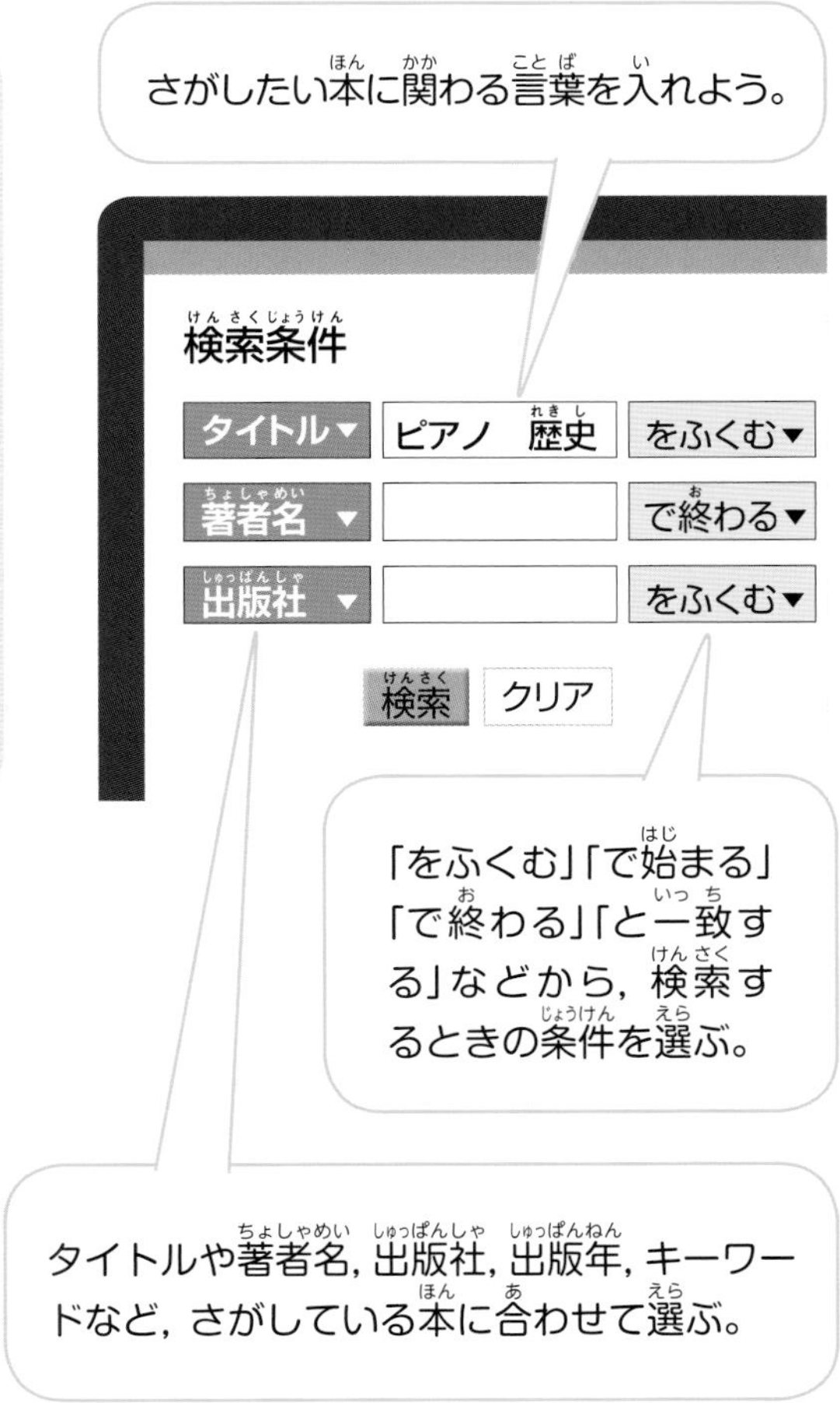
さがしたい本《ほん》に関《かか》わる言葉《ことば》を入《い》れよう。
検索条件《けんさくじょうけん》
タイトル
ピアノ　歴史《れきし》
をふくむ
著者名《ちょしゃめい》
で終《お》わる
出版社《しゅっぱんしゃ》
をふくむ
検索《けんさく》
クリア
「をふくむ」「で始《はじ》まる」「で終《お》わる」「と一致《いっち》する」などから，検索《けんさく》するときの条件《じょうけん》を選《えら》ぶ。
タイトルや著者名《ちょしゃめい》，出版社《しゅっぱんしゃ》，出版年《しゅっぱんねん》，キーワードなど，さがしている本《ほん》に合《あ》わせて選《えら》ぶ。

多《おお》くの公立図書館《こうりつとしょかん》では、インターネットで蔵書《ぞうしょ》(図書館《としょかん》が所有《しょゆう》している本《ほん》)を検索《けんさく》できるようにしているよ。また、各都道府県内《かくとどうふけんない》の複数《ふくすう》の公立図書《こうりつとしょ》館《かん》の蔵書《ぞうしょ》を、一度《いちど》に検索《けんさく》できるウェブサイトもあるので、活用《かつよう》しよう！

レファレンスサービスを利用《りよう》しよう

図書館《としょかん》には、調《しら》べものを手伝《てつだ》う「レファレンスサービス」という仕事《しごと》をしている人《ひと》がいます。資料《しりょう》をさがしていてこまったことがあったら、たずねてみましょう。そのときは、どんなことを調《しら》べたいのか、どんなことでこまっているのかを具体的《ぐたいてき》に伝《つた》えるようにしましょう。

資料《しりょう》

インターネットを活用《かつよう》しよう

インターネットを使《つか》えば、世界中《せかいじゅう》の情報《じょうほう》を知《し》ることができます。新《あたら》しい情報《じょうほう》が次《つぎ》つぎに発信《はっしん》され、写真《しゃしん》や動画《どうが》など、文字以外《もじいがい》の情報《じょうほう》もたくさんあります。ただしインターネットには、まちがっていたり、古《ふる》かったりする情報《じょうほう》もあるため、注意《ちゅうい》が必要《ひつよう》です。

▼検索機能《けんさくきのう》を使《つか》おう

調《しら》べたいことがあるときには、検索機能《けんさくきのう》を使《つか》いましょう。キーワードを増《ふ》やすことで、検索結果《けんさくけっか》をしぼりこんだり増《ふ》やしたりすることができます。

固有種《こゆうしゅ》　検索《けんさく》

検索結果《けんさくけっか》が多《おお》いときは……

検索結果《けんさくけっか》が少《すく》ないときは……

● AND《アンド》検索《けんさく》

固有種《こゆうしゅ》 植物《しょくぶつ》　検索《けんさく》

キーワードを空白《くうはく》で区切《くぎ》って，二《ふた》つ以上《いじょう》入《い》れる。すべてのキーワードをふくむウェブサイトにしぼられる。

●マイナス検索《けんさく》

固有種《こゆうしゅ》 −動物《どうぶつ》　検索《けんさく》

半角《はんかく》のマイナス(−)をキーワードの前《まえ》に入力《にゅうりょく》すると，そのキーワードをふくまないウェブサイトのみ表示《ひょうじ》される。

● OR《オア》検索《けんさく》

固有種《こゆうしゅ》 OR《オア》 天然記念物《てんねんきねんぶつ》　検索《けんさく》

２つ以上《いじょう》のキーワードの間《あいだ》にOR《オア》を入《い》れる。キーワードのうち，少《すく》なくともどれか一《ひと》つがふくまれているウェブサイトが表示《ひょうじ》される。

▼利用《りよう》するときのルール

だれもが気軽《きがる》に情報《じょうほう》を発信《はっしん》することができるインターネット上《じょう》には、根拠《こんきょ》がはっきりしない情報《じょうほう》や、まちがった情報《じょうほう》も多《おお》く見《み》られます。インターネット上《じょう》の情報《じょうほう》を利用《りよう》するときには、その情報《じょうほう》を信頼《しんらい》してもいいのか、自分《じぶん》で調《しら》べ、見《み》きわめることが必要《ひつよう》です。

- **だれが、いつ発信《はっしん》した情報《じょうほう》なのかを確《たし》かめる。**
- **国《くに》や地方自治体《ちほうじちたい》、報道機関《ほうどうきかん》など、信頼《しんらい》できる機関《きかん》や団体《だんたい》が出《だ》している情報《じょうほう》を選《えら》ぶ。**
- **一《ひと》つだけではなく、複数《ふくすう》のウェブサイトを見《み》たり、本《ほん》など他《ほか》の資料《しりょう》も調《しら》べたりして、信頼《しんらい》できる情報《じょうほう》か確《たし》かめる。**
- **インターネット上《じょう》の文章《ぶんしょう》や画像《がぞう》、動画《どうが》を利用《りよう》するときは、自由《じゆう》な利用《りよう》が許可《きょか》されているかどうかかくにんする。文章《ぶんしょう》に引用《いんよう》するなど、利用《りよう》したときはウェブサイトのタイトルとURL《ユーアールエル》を示《しめ》す。**

ウェブサイトの情報《じょうほう》をすぐに信《しん》じず、それが本当《ほんとう》かどうか、さらに調《しら》べることが大切《たいせつ》なんだね。

▼電子《でんし》メールで問《と》い合《あ》わせよう

インターネットを通《つう》じて企業《きぎょう》や団体《だんたい》などへ問《と》い合《あ》わせたいときには、電子《でんし》メールや、ウェブサイトにある「問《と》い合《あ》わせフォーム」を使《つか》います。

〈電子《でんし》メールでの問《と》い合《あ》わせの例《れい》〉

ポイント

内容《ないよう》がすぐ分《わ》かるような件名《けんめい》をつける。

宛先《あてさき》：abcde@ ▲ mail.com

用件《ようけん》（発信者名《はっしんしゃめい》）

件名《けんめい》：外国語《がいこくご》の看板《かんばん》についての問《と》い合《あ》わせ(○○小学校《しょうがっこう》 清原《きよはら》さくら)

件名《けんめい》に学校名《がっこうめい》と名前《なまえ》を書《か》く。

相手《あいて》の所属《しょぞく》や名前《なまえ》

○△市役所《しやくしょ》 国際課《こくさいか》
ご担当者様《たんとうしゃさま》

名前《なまえ》が分《わ》からないときは「ご担当者様《たんとうしゃさま》」とする。

あいさつ，自己《じこ》しょうかい

初《はじ》めてメールをさしあげます。
○○小学校《しょうがっこう》５年《ねん》２組《くみ》の清原《きよはら》さくらと申《もう》します。

連絡《れんらく》した目的《もくてき》，内容《ないよう》

今《いま》，わたしたちのクラスでは，みんなが過《す》ごしやすい町《まち》に
するための身《み》の回《まわ》りの工夫《くふう》について調《しら》べています。
つきましては，以下《いか》の質問《しつもん》に10月１日《がつついたち》(水《すい》)までに
回答《かいとう》していただけないでしょうか。

いつまでに回答《かいとう》してほしいか，はっきり書《か》く。

1. ○△市《し》の公共《こうきょう》の看板《かんばん》に，英語《えいご》と中国語《ちゅうごくご》，韓国語《かんこくご》などが
書《か》かれているのはなぜですか。

2. ○△市《し》の看板《かんばん》について，市内《しない》に住《す》んでいたり，旅行《りょこう》に来《き》たりする
外国《がいこく》の人《ひと》から，「もっとこうしてほしい。」という要望《ようぼう》は
ありましたか。

相手《あいて》が回答《かいとう》しやすいように，聞《き》きたいことは短《みじか》く，分《わ》かりやすくまとめる。

⋮

終《お》わりのあいさつ

おいそがしいところ申《もう》しわけありませんが，
ご協力《きょうりょく》いただけますとありがたいです。
どうぞよろしくお願《ねが》いいたします。

自分《じぶん》の連絡先《れんらくさき》

○○小学校《しょうがっこう》　清原《きよはら》さくら
電話《でんわ》：△△ - △△△△ - △△△△
メール：xyz@ ■ mail.com

資料《しりょう》

文章《ぶんしょう》の書《か》き方《かた》の基本《きほん》

文章《ぶんしょう》には、いくつもの書《か》き方《かた》があります。ここでは、この本《ほん》であつかっている二《ふた》つの文章《ぶんしょう》の書《か》き方《かた》と、文章《ぶんしょう》を書《か》くときに気《き》をつけることをしょうかいします。

▼「初《はじ》め」「中《なか》」「終《お》わり」のある文章《ぶんしょう》

文章《ぶんしょう》を「初《はじ》め」「中《なか》」「終《お》わり」の三《みっ》つのまとまりに分《わ》ける書《か》き方《かた》です。意見《いけん》や考《かんが》えを伝《つた》えるときによく使《つか》います。

電車《でんしゃ》やバスの優先席《ゆうせんせき》をなくして、ゆずり合《あ》える社会《しゃかい》へ

五年三組《ごねんさんくみ》　白川《しらかわ》せいじ

ぼくは、電車《でんしゃ》やバスにある優先席《ゆうせんせき》は必要《ひつよう》ないと考《かんが》える。

その理由《りゆう》は、優先席《ゆうせんせき》があると「優先席以外《ゆうせんせきいがい》の席《せき》ではゆずらなくてよい。」と思《おも》う人《ひと》も出《で》てくるからだ。お年寄《としよ》りや妊娠《にんしん》している人《ひと》、見《み》た目《め》では分《わ》からない病気《びょうき》や障害《しょうがい》のある人《ひと》など、席《せき》を必要《ひつよう》としている人《ひと》には、どこにすわっていても席《せき》をゆずるべきだ。しかし、ヴァル研究所《けんきゅうじょ》の二〇一六年《ねん》の調《ちょう》査《さ》によると、「優先席《ゆうせんせき》では席《せき》をゆずるべき。」と考《かんが》える人《ひと》が全体《ぜんたい》の約《やく》76%だった一方《いっぽう》、「優先席以外《ゆうせんせきいがい》でも席《せき》をゆずるべき。」と考《かんが》える人《ひと》は約《やく》57%しかいなかったという。優先席《ゆうせんせき》にくらべて、優先席以《ゆうせんせきい》外《がい》ではゆずろうと考《かんが》える人《ひと》の割合《わりあい》が約《やく》20%分少《ぶんすく》ないことが分《わ》かる。実際《じっさい》に、ぼくはこの前《まえ》つえをついたおばあさんが、優先席以外《ゆうせんせきいがい》の席《せき》の前《まえ》で三十分以上《さんじっぷんいじょう》も立《た》ちっぱなしでいるところを見《み》かけた。

優先席《ゆうせんせき》がなくなると、席《せき》をゆずる人《ひと》がさらに減《へ》ると心配《しんぱい》する人《ひと》もいるだろう。その対策《たいさく》として

電車《でんしゃ》やバスのすべての席《せき》でゆずり合《あ》えるようにするために、優先席《ゆうせんせき》は必要《ひつよう》ない。

〈参考《さんこう》〉ヴァル研究所《けんきゅうじょ》「ゆずりあい精神《せいしん》の意識調査《いしきちょうさ》」二〇一六年《ねん》

(https://roote.ekispert.net/ja/labo/investigation/result/2016/02)　見《み》た日《ひ》：十一月二日《じゅういちがつふつか》

タイトル

ひと目《め》で文章《ぶんしょう》の内容《ないよう》が分《わ》かるものにする。

初《はじ》め

文章《ぶんしょう》の中心《ちゅうしん》となる自分《じぶん》の意見《いけん》や考《かんが》え，話題《わだい》を短《みじか》くまとめる。

中《なか》

意見《いけん》や考《かんが》え，取《と》り上《あ》げる物事《ものごと》について，具体的《ぐたいてき》な理由《りゆう》や例《れい》を挙《あ》げ，くわしく説明《せつめい》する。

終《お》わり

文章《ぶんしょう》のまとめにあたる。自分《じぶん》の意見《いけん》や考《かんが》えをもう一度《いちど》書《か》いたり，学習《がくしゅう》を通《つう》じて考《かんが》えたことを書《か》いたりする。

参考資料《さんこうしりょう》

文章《ぶんしょう》を引用《いんよう》したり，統計資料《とうけいしりょう》を使《つか》ったりしたときには，文章《ぶんしょう》の最後《さいご》に必《かなら》ず参考《さんこう》にした資料《しりょう》をのせる。

本《ほん》：著者名《ちょしゃめい》「本《ほん》のタイトル」出版社名《しゅっぱんしゃめい》(出版年《しゅっぱんねん》)

インターネット：ウェブサイト名《めい》(URL《ユーアールエル》)見《み》た日《ひ》

▼見出《みだ》しをつけた文章《ぶんしょう》

文章《ぶんしょう》をいくつかのまとまりに分《わ》け、まとまりごとにその内容《ないよう》を表《あらわ》す「見《み》出《だ》し」をつける書《か》き方《かた》です。調《しら》べたことを報告《ほうこく》するときによく使《つか》います。

外国語《がいこくご》の看板《かんばん》で，さまざまな国《くに》の人《ひと》にやさしい町《まち》へ

5年《ねん》2組《くみ》　清原《きよはら》さくら

1　調《しら》べたきっかけ

この前《まえ》，すみれ公園《こうえん》に行《い》くとちゅうで外国語《がいこくご》が書《か》かれた看板《かんばん》を見《み》つけた。日本語《にほんご》や英《えい》語《ご》は分《わ》かったが，それ以外《いがい》はどこの国《くに》の言葉《ことば》か分《わ》からなかった。そこで・・・・・

2　調《しら》べ方《かた》

大《おお》きく分《わ》けて，二《ふた》つの方法《ほうほう》で調《しら》べた。一《ひと》つ目《め》は，・・・・・

3　調《しら》べて分《わ》かったこと

(1)外国語《がいこくご》の看板《かんばん》がいろいろな言語《げんご》で書《か》かれている理由《りゆう》

写真《しゃしん》は，わたしがすみれ公園《こうえん》の近《ちか》くで見《み》つけた看板《かんばん》だ。日《に》本語《ほんご》と英語《えいご》以外《いがい》に中国語《ちゅうごくご》，韓国語《かんこくご》で書《か》いてある。看板《かんばん》の中《なか》には，ベトナム語《ご》やポルトガル語《ご》が書《か》かれたものもあった。

このようにいろいろな外国語《がいこくご》が看板《かんばん》に書《か》かれている理由《りゆう》を調《しら》べたところ，「よく分《わ》かるユニバーサルデザイン図鑑《ずかん》」には「日本《にっぽん》に住《す》んでいたり，旅行《りょこう》で訪《おとず》れたりする外国《がいこく》の人《ひと》のなかには，英語《えいご》が分《わ》からない人《ひと》もたくさんいる。」と書《か》いてあった。英語《えいご》が分《わ》からない外国の人《ひと》もたくさんいることから，いろいろな外国語《がいこくご》で書《か》かれているのだ。

(2)外国語《がいこくご》の看板《かんばん》の設置場所《せっちばしょ》

・すみれ公園《こうえん》

・○△市《し》の中央図書《ちゅうおうとしょ》館

・△△駅《えき》

・・・・・

見《み》出《だ》し

そのまとまりの内容《ないよう》が，ひと目《め》で分《わ》かるようにしよう。必要《ひつよう》があれば，見出《みだ》しでまとめた内容《ないよう》をさらに細《こま》かく分《わ》け，それぞれに小見《こみ》出《だ》しをつけたり，かじょう書《が》きにしたりする。小見出《こみだ》しには数字《すうじ》や記号《きごう》を使《つか》って，まとまりどうしの区別《くべつ》がつくようにしよう。

例《れい》

(1)　①　1-1　・
(2)　②　1-2　・
(3)　③　1-3　・

引用《いんよう》

- かぎかっこ「　」に入《い》れて自分《じぶん》の文章《ぶんしょう》と区別《くべつ》する。
- 最後《さいご》に出典《しゅってん》として著者名《ちょしゃめい》や本《ほん》のタイトルを示《しめ》す。
- もとの文章《ぶんしょう》をそのまま書《か》き写《うつ》す。
- 長《なが》く引用《いんよう》するとき
→13ページ

写真《しゃしん》・図《ず》

→コラム 22ページ

友達《ともだち》に読《よ》んでもらう

感想《かんそう》やアドバイスをもらおう。

文章《ぶんしょう》を書《か》くときのチェックポイント

- ☑ 漢字《かんじ》や送《おく》り仮名《がな》のまちがいはないか。
- ☑ 言葉《ことば》の使《つか》い方《かた》や表現《ひょうげん》がまちがっていないか。
- ☑ 主語《しゅご》と述語《じゅつご》が対応《たいおう》しているか。
- ☑ 段落《だんらく》を正《ただ》しく分《わ》けているか。
- ☑ 1文《ぶん》が長《なが》すぎないか。
- ☑ 事実《じじつ》と考《かんが》えをしっかり分《わ》けているか。

た行《ぎょう》

な行《ぎょう》

は行《ぎょう》

ま行《ぎょう》

や行《ぎょう》

ら行《ぎょう》

主要参考資料《しゅようさんこうしりょう》

『情報活用　調べて，考えて，発信する　①文化や歴史　やってみよう！ 6テーマ』(光村教育図書)，『情報活用　調べて，考えて，発信する　②社会や暮らし　やってみよう！ 6テーマ』(光村教育図書)，『シンキングツール～考えることを教えたい～』(NPO 法人学習創造フォーラム)，『みんなが書ける！ あつめて，まとめて，書く技術　①観察記録を書く　説明文を書く　感じたことを書く　読書感想文を書く　詩を書く』(光村教育図書)，『みんなが書ける！ あつめて，まとめて，書く技術　③意見文を書く　パンフレットを作る　鑑賞文を書く　短歌·俳句を作る　随筆を書く』(光村教育図書)

「お身体の不自由なお客さまへ」(JR 東日本)(https://www.jreast.co.jp/equipment/equipment_1/car/)，「公益社団法人　読書推進運動協議会」(http://www.dokusyo.or.jp)，「国立国会図書館 キッズページ しらべてみよう！」(https://www.kodomo.go.jp/kids/research/index.html)，「しまった！～情報活用スキルアップ～」(NHK)(https://www.nhk.or.jp/school/sougou/shimatta/)，「小学校 国語　教材別資料一覧」(光村図書)(https://www.mitsumura-tosho.co.jp/kyokasho/s_kokugo/)，「3Rについて」(リデュース·リユース·リサイクル推進協議会)(https://www.3r-suishinkyogikai.jp/intro/3rs/)

索《さく》 引《いん》

ここでは，この本《ほん》に出《で》てくる重要《じゅうよう》な言葉《ことば》を数字《すうじ》，アルファベット，五十《ごじゅう》音順《おんじゅん》にならべ，その内容《ないよう》が出《で》ているページをのせています。

数字《すうじ》・アルファベット

あ 行《ぎょう》

か 行《ぎょう》

さ 行《ぎょう》

監修
髙木まさき（たかぎまさき）

横浜国立大学教授。専門は国語教育学。著書に『「他者」を発見する国語の授業』（大修館書店），『情報リテラシー　言葉に立ち止まる国語の授業』（編著　明治図書出版），『国語科における言語活動の授業づくり入門』（教育開発研究所）などがある。

編集
青山由紀（あおやまゆき）

筑波大学附属小学校教諭。著書に『青山由紀の授業　「くちばし」「じどう車くらべ」「どうぶつの赤ちゃん」全時間・全板書』，『「かかわり言葉」でつなぐ学級づくり』（ともに東洋館出版社），『こくごの図鑑』（小学館），『古典が好きになる－まんがで見る青山由紀の授業アイデア10』（光村図書出版）などがある。

松永立志（まつながたてし）

前鎌倉女子大学准教授。横浜市教育委員会学校教育部長，横浜市立小学校長として勤務。小学校学習指導要領解説国語編（平成11年，20年）作成協力者を務める。著書に『国語科実践事例集1年2年』（編著　小学館），『発問付でよくわかる！ 教材別板書アイディア53』（編著　明治図書出版）などがある。

協力	株式会社ヴァル研究所 （p42～49）
装丁・デザイン	Zapp! （高橋里佳　桑原菜月）
表紙イラスト	尾田瑞季
本文イラスト	有田ようこ たけだあおい ニシハマカオリ
写真提供	iStock（p23）
校正	村井みちよ
編集協力	株式会社 童夢

光村の国語　広げる，まとめる，思考ツール❷
アイデア，考え，図で整理　5年

2021年2月16日　第１刷発行

監　修　髙木まさき
編　集　青山由紀　松永立志
発行者　安藤雅之
発行所　光村教育図書株式会社
〒141-0031　東京都品川区西五反田2-27-4
TEL 03-3779-0581（代表）　FAX 03-3779-0266
https://www.mitsumura-kyouiku.co.jp/
印　刷　株式会社 精興社
製　本　株式会社 ブックアート

ISBN978-4-89572-992-5　C8037　NDC375
64p　27×22cm

Published by Mitsumura Educational Co., Ltd. Tokyo, Japan